名师名校名校长

凝聚名师共识
回应名师关怀
打造名师品牌
培育名师群体

苔花如米小，也学牡丹开

也学牡丹开

一位教师的成长之路

李红秀 ／ 著

中国出版集团　现代出版社

图书在版编目（CIP）数据

苔花如米小，也学牡丹开：一位教师的成长之路 /
李红秀著. — 北京：现代出版社，2022.2

ISBN 978-7-5143-9694-2

Ⅰ．①苔… Ⅱ．①李… Ⅲ．①教育工作—文集 Ⅳ.
①G4–53

中国版本图书馆CIP数据核字（2022）第030058号

苔花如米小，也学牡丹开：一位教师的成长之路

作　　者	李红秀	
责任编辑	窦艳秋	
出版发行	现代出版社	
地　　址	北京市安定门外安华里504号	
邮政编码	100011	
电　　话	010–64267325　64245264	
网　　址	www.1980xd.com	
印　　制	北京政采印刷服务有限公司	
开　　本	710mm×1000mm　1/16	
印　　张	12	
字　　数	192千	
版　　次	2022年2月第1版　　2022年2月第1次印刷	
书　　号	ISBN 978–7–5143–9694–2	
定　　价	58.00元	

目　录

有心——成就自己的孩子

有乐——工作室建设及辐射

有梦

——圆了我的教师梦

鸟儿因为有了梦想，能在天空和白云之间翱翔；鱼儿因为有了梦想，能在大海更深处漫游。每个人都有梦想，没有梦想的人生将是空虚的。人生没有梦想就如飞机失去航标、船只失去灯塔，终将被社会淘汰。我也有自己的梦想，我想当一名音乐老师，带着我的学生们每天在学校和大山中快乐地唱歌，唱出我们乡村的美景，唱出我们小小的梦想，唱出对未来的希望。我在我们村算是一只百灵鸟，可以唱出美妙而动听的歌声，大家都喜欢听我唱歌，唱歌可以让我感到快乐、幸福，是消除烦恼的灵丹妙药。

梦想像一粒种子，种在心的土壤里，尽管它很小，却可以生根开花，假如没有梦想，就像生活在荒凉的戈壁，冷冷清清，没有活力。有了梦想，也就有了追求，有了奋斗的目标、有了梦想之根，也就有了动力。梦想，是一架高贵的桥梁，不管最终是否到达彼岸，拥有梦想并去追求它，这已经是一种成功的荣耀了。在追求梦想的过程中，我们在成长。梦想会催人前进，也许在实现梦想的道路中会遇到无数的挫折和困难，但没关系，跌倒了自己爬起来，为自己的梦想而前进，毕竟前途不仅靠运气，也靠自己创造。相信通过我自己的不懈努力，一定会实现梦想！

我出生在湖南省郴州市宜章县一个偏僻的小山村，那里四周都是山，而我们家就在山窝里，清晨抬眼看见的都是碧绿的山，也很容易走到不远的庄稼地。虽然那里有着极为清新的空气和雨水，有着形状奇异的山峦和深谷，按当今的旅游术语来讲，它完全是一个"世外桃源"，但绝美的风光并没有给那里带来更多的粮食和收成，相反，由于山高路远、土地贫瘠，那里的人们生活一直很艰辛，人们的脚步经年在山里移动，吃着山里出产的荞麦、苞谷、红薯，喝着从井里挑上来的清甜的井水，从这座山坡走向那座山坡，为的仅仅是寻找饱暖之物。

父亲是一名农村小学教师，他勤劳、朴实、善良的性格和农村的淳朴影响了我。他告诉我们要努力读书，要走出大山，因为改变命运的唯一途径就是努力读书。为此，经过努力，在小学五年级时，我考上了乡里中心小学，离家有十六七里的路程，要走公路，可当时的公路只是简单的沙石路，偶尔有一两辆车经过时，我们都要蒙住眼睛或脸，因为泥灰太大，会让我们变成小黄人。在当时的条件下，交通非常不便，没有交通工具，最奢侈的是偶尔会在路上碰到一两辆拖拉机，是那种最原始的拖拉机，没有顶棚，只有一个车斗，晴天经过时会扬起漫天的灰尘，冬天坐在上面是会被冻得发抖的，四面的风会肆无忌惮地进入你的肌肤。而这样的待遇也是偶然才会有的，大多数时候我们只能用双脚走着去上学，还要带上一周的干菜、米和衣物。小学的两年很快就过去了，我更加有了要走出这个小山村的渴望以及改变自己命运的迫切。

小学毕业后，我又考上了整个上乡六个乡镇中最好的学校——湖南省宜章七中，这所学校离我们家更远了，如果走山路的话要走四十多里，从家里去学校要从早上8点多钟走到下午5点多钟，相当于一个半程马拉松，每次走得双脚肿痛、筋疲力尽。

有人会问，为什么不坐车呢？要知道，那是20世纪80年代中期，交通工具太少了。有经过我们乡去宜章县城的公共汽车，那时也不叫公共汽车，叫班车，每天大概有10趟，可是等我从家里走到乡里的时候，已经10点多钟了，而班车也没有固定的停靠点，因此我们经常赶不上一趟合适的车子。若实在等不到，也会坐所谓的"包车"，就是一种拉货的三轮车，头轻车厢重，上面还用油布和铁架做了车棚，安全系数很低，但是司机为了赚钱，会在车上放两条长凳子，也不固定好。我们坐上去，由于人太多，车头就会抬起来，车厢往后倾斜，我们便一个一个从车上跌下去，可还是要费尽周折地赶回学校上课，到学校也得晚上七八点钟了。求学之路虽很艰苦，但在梦想的支撑下，我没有失去学习的动力，于是我考入了宜章县最好的高中——宜章一中。

高中的学习很辛苦，但为了梦想，我坚持了下来。我的理科比较差，文科方面还算不错，英语、语文、政治、历史学起来不太费劲。我每天起得很早、睡得很晚，学校熄灯比较早，我们就打着手电筒在被窝里看书，因为明白自己的智商真的不高，只有努力加勤奋才能不被落下。本来我也想学习音乐，可是学音乐要花很多钱，而我家在农村，父亲微薄的工资是无法支持我学音乐专业的，我上了一节课就主动放弃了，只好一心一意地学习文化课。我的班主任也说过我不聪明，但是很勤奋。这就够了，我也相信，天道酬勤。一分耕耘一分收获，梦想是蝴蝶的翅膀，有了它才会有翩翩起舞的舞姿。心怀梦想，就算行若微尘，也会有让人惊艳的崛起。

　　经过几年的努力，我于1994年考入了衡阳师范专科学校思想政治教育专业。虽然是个令人不太满意的专科，但是我的家人都特别开心，因为我是我们村走出的第一个大学生，而且还是一个女大学生。1997年，也是香港回归的那一年，我毕业了，被分配到了湖南省宜章县第四中学。我终于实现了自己的梦想，成了一名光荣的人民教师。

有情

——遇见更好的学生

赢得学生的喜欢

——教师职业幸福感获得条件

教师的幸福感就是教师在从事教育教学工作的时候，感受到这个职业可以满足自己的需要，有助于实现自身的价值，并且能够产生愉悦感。幸福感是教师做好教育工作的重要前提，是事业有成的坚实基础，是教师专业发展的内在动力，是教育追求的最高境界。我相信从事教师职业的人都愿意感受这种幸福感。教师的幸福感体现在多个方面：一是学生的成长与进步。对教师来说，这是主要来源。二是自身的专业成长。教师的专业成长是教师生命成长的重要内容，就教师本身而言，职业幸福感来源于自身的专业成长。三是自身平和的心态。教师主要的幸福感来源和体现是学生的成长与进步，其中一个重要方面是学生喜欢你和你的课。但是也有人说："教学不是一场争夺学生喜欢的竞争，只要学生能从我这儿学到东西，我一点都不在意学生是否喜欢我。"

良好的师生关系能使学生拥有良好的情绪去面对学习。学生会因为喜欢一位教师而喜欢一门学科，同样，也可能因为讨厌一位教师而讨厌一门学科。一位被学生喜欢的教师，其教育效果一定是超出一般教师的。因此，作为一名教师，如果你的学生喜欢你，喜欢上你的课，喜欢听你的话，那么你的教学也就成功了一半。如果学生对你反感甚至是讨厌，即使你把课设计得再漂亮、讲得再好，学生们也会不屑一顾的，甚至会在课堂上捣乱，更谈不上会好好听课，效果也就可想而知了。

那怎样才能让学生喜欢我们和我们的课呢？不同的教师有不同的方法。有人说："要有良好的人格魅力，用自己的人格魅力来吸引学生，让学生爱上我们和我们的课。"有人说："要有丰富的专业知识，用丰富的知识吸引学生的敬佩和崇拜。"也有人说："要关怀每一位学生，尊重每一位学生的人格，让他们感受到老师的爱和尊重，从而爱上我们和我们的课。"同时，要对所有学生一视同仁，不能歧视学生，要平等地对待他们，不要给他们贴标签。这些话说得都不错，都很有道理，也确实可以让学生爱上我们。但是，我想作为教师，我们还要学会不断反思并进行实践与尝试，以更好地赢得学生的喜爱。主要可从以下十个方面做起。

项目	评价自己 A\B\C	我想到的对应的方法并实施	学生的反应 （进步或变化）
1．尊重学生，并维护他们的尊严		对学生坚决不讲侮辱性语言、讲话温和、不发脾气、不当面批评、每天微笑……	
2．对学生都态度一致，保证公正地对待每个学生		见到学生都说我喜欢你的某个优点，不以成绩来对待他们，上课时让每个学生都有发言机会	
3.负责任地督促学生，但是请始终以尊重的方式，不嘲笑他们		对学生进行不同方式的提醒，可以写纸条，也可以发信息，有进步及时表扬	
4.让学生相信你喜欢他们		每天与一个学生谈心，并且可在他们生日时送上祝福，陪他们玩游戏（不是电子游戏）	
5.开展一些丰富多彩的活动，充实学生的学习生活		不是班主任的话，可以采取课内与课外相结合的上课方式，周末组织学生实地参观	
6.努力工作，竭尽全力帮助学生获得成功		找到学生的优点，经常表扬他们，与他们谈心，教他们学习方法，提供更多可阅读的书籍名称	
7．表达对学生的信任，告诉他们你很相信他们、很爱他们		对女生可以拥抱她们，对男生可以与他们握手，告诉他们自己很喜欢他们	
8．满怀激情和热情地进行教学		不要把不良情绪带入学校，无论是开心还是不开心，都要充满激情地上课，告诉他们这节课将会得到的收获	

有情——遇见更好的学生

项目	评价自己 A\B\C	我想到的对应的方法并实施	学生的反应（进步或变化）
9. 无论如何，请保持冷静，以最专业的方式来规范自己的言行举止		坚决不生气，进行深呼吸，也不要大声说话，更不要骂人，不影响教学，不要中途走人，可以自嘲或者用更婉转的语气来讲	
10. 让每一节课都变得有趣		采取不同的教学方法，设计有挑战性的问题，让学生乐于学习	

　　总之，让学生喜欢你的方法有很多，如果教师受到学生的欢迎，自然也会受到学生家长的欢迎。以上方法可以让教师得到学生的喜爱，但是这一切是有原则的，在不违背道德与法律的前提下，不能一味地宽容他们的错误或一味地讨好他们，而是需要理性地赢得学生的喜欢。我相信，只要我们努力去做，一定会达到教育的目的。

导师制，让孩子笑得更甜

导师制是一种教育制度，与学分制、班建制同为三大教育模式。导师制由来已久，早在14世纪，牛津大学就实行了导师制，其最大的特点是师生关系密切。导师不仅要指导学生们的学习，还要指导他们的生活。近年来，国内各高校都在探索，希望在研究生教育以外的高等教育中也能建立一种新型的教育教学制度——导师制，以更好地贯彻全员育人、全过程育人、全方位育人的现代教育理念，更好地适应素质教育的要求和人才培养目标的转变。这种制度要求在教师和学生之间建立一种"导学"关系，针对学生的个性差异，因材施教，指导学生的思想、学习与生活。全员导师制与全员督导制是我校学生管理工作中引入的新模式、新方法。全校教职员工都欢欣鼓舞、满怀激情地投入这两种制度的创建与实施中。导师积极主动地与学生谈心交流，拉近了师生关系，增进了师生情谊，同时与全员督导制相辅相成。这两种制度的实施给我校学生管理工作和校园氛围带来了喜人的变化。我们学校针对目标生，也就是临界生，即上重点学校有些困难的学生实施辅导制度，要求每位教师辅导所教班级中的一个学生，而我要辅导三个学生，其中有两个女生和一个男生。

小颐是其中一个女生，她个子小小的，有两个可爱的小酒窝，皮肤白皙、长相清秀，笑起来特别可爱，像一股清泉一样，很是讨人喜欢。她学习中上水平，离上重点高中还有一些距离，但是好学、上进心强，英语、语文、数学成绩都不错，均保持在100分上下。物理、化学成绩中等，不稳定；政治、历史成绩还不错，心理状态有些不稳定，考不好时会有些焦虑。

针对她的情况，我让她自我分析，由感性认知上升为理性分析，让她直面自己的焦虑。我给她发了张表，告诉她："小颐，让我带你一起来分析一

有情——遇见更好的学生

下自己的焦虑，看一看你的焦虑是不是真有那么可怕。"

个人情况调查表

姓名			小颐		
我的焦虑			焦虑		
	来源	学习	家庭	同学	社会
	解决方法				
	总的方法	① 固定时间排空法和转移注意法。 ② 反其道而行之法。 ③ 积极暗示法、合理宣泄法、改变认知评价法			
我的优势（我拥有哪些）					
我的劣势（我没有哪些）					
我能做到哪些（学习上）					
我做不到哪些（学习和生活上）					
我希望老师给我的帮助					
我希望老师给我的礼物（物质和精神）					

　　通过填写这个表格，我找出她存在的问题并对症下药，从学习、家庭、心理等方面对她进行辅导。接下来的考试后，她甜甜地笑了，因为她的成绩进步很大，离上重点高中又进了一步。我奖励了她一颗红红的苹果，并且在全班对她进行了表扬，还当着全班同学的面送了她想要的一套《作文素材》。她现在很开朗，每天都能看到她甜甜的笑脸，我要继续做她的知心秀姐。

吾日三省吾身，找到问题根源

如何正确处理课堂上出现的各种问题？在课堂教学中，我们经常发现学生会出现注意力分散，甚至影响课堂纪律的行为。比如，学生不认真听讲，搞小动作，教师在黑板上讲他的，学生在下面说他们的，课堂乱成一团。此时，上课教师如果处理不当，就会影响课堂气氛。《孟子·告子上》中孟子讲了一个故事：两个智商差不多的人同时拜围棋高手弈秋为师，结果两个人的学习成绩却大不相同。这个典故告诉我们：同一个教师教，成绩却相差很远，这不是他们的智力有什么差别，而是专心的程度不一样。这说明学生在听课的过程中，专心与不专心对他们的学习成绩影响很大。心理学家认为，专心学习是人在清醒意识状态下的心理活动对认知对象的指向和集中，那时人对某一事物感受得更迅速、更深入、更持久。

有位教育学家曾说："专注是我们心灵的唯一一门户，意识中的一切必须经过它才能进来。"然而，学生在课堂上分散注意力，不认真听课，原因究竟何在？我们一般认为肯定是学生的原因，不会反思自己的问题，认为不专心的原因是：①发呆、走神，做小动作、讲笑话。教师在讲台上非常专心地讲课时，学生们在下面双目无神，表情呆滞，也许他们正在想着某人某事；有些正饶有兴趣地玩着玩具，如折纸飞机、拨弄学具等，或偷偷地看小人书，吃还没吃完的零食，画画等；或正在底下窃窃私语、小声议论，讲一些与当前课堂学习内容无关的话等。②心理失衡。有些学生由于自尊心受到伤害，如受到讽刺、挖苦或受到不应有的干涉，或与家长、同学发生矛盾等，造成心理上的安全感和自信心不足。有些学生过分依赖家长，对困难和挑战缺乏耐心或受情绪困扰。③厌学倾向。不少学生负担过重，教师、家长对其有很高的期望，为他们设立了很高的目标，他们会因为没有达到教师或家长的目标而产生负罪感和内疚感，从而产生烦恼情绪。④基础知识差，使学生对学习丧失了信心。⑤想在同学面前炫耀自己，在班里当所谓的"老大"，时不时地动这个摸那个，要显威风。⑥学习内容不当，太难或太容易。太难，与过去掌握的知识毫无联系，无法理解，就容易犯困，当然很难集中注意力；太容易，学习的内容如果只限于将过去的东西进行简单重复，不需要再花什么精力去学，注意力必然涣散。⑦课堂学习环境的影响。课桌上摆放的心爱的小玩具，教室里不合时宜的布置、嘈杂的吵闹声以及其他噪声等，都会干扰学生的注意力。⑧家庭的影响。有些家长对孩子要求和期望过高，使他们觉得自己无论怎样努力也达不到父母的要求，渐渐就会失去信心，对自己的能力产生怀疑，从而造成学习不专心的后果；有些家长则听之任之不重视，学生放学回家有没有学习、做不做作业，他们漠不关心，没有起到监督和督促的作用，这样就造成学生漠视学习、上课不专心的结果；还有些家庭成员关系不和睦，影响学生的情绪，学生在这样的家庭里丝毫感受不到温暖，焦虑不安，上课不专心。⑨社会因素。一些娱乐场所违规开放，如游戏室、网吧等，没有禁止未满18岁的学生入内，使一些学生尝到了游戏的甜头，再也静不下心来学习那些看似枯燥乏味的知识。

当学生在课堂上出现行为问题时，我们通常需要从两个方面来思考如何着手处理相关问题，即学生和老师的角度。确定问题发生的真正原因，有助于我们找到解决问题的最优方法。

作为一位教师，我们不能主观臆断地假定这个问题就是"学生的错"，除非我们对以下九种情况都很确定。

课堂问题诊断表

项目	是的，我做得很好	一般，我有些不够好	我经常没做到
1. 常规没问题			
2. 组织纪律没问题			
3. 在与学生保持密切的良好关系方面没问题			
4. 教师的热情没问题			

项目	是的，我做得很好	一般，我有些不够好	我经常没做到
5. 当学生无事可做时，教师能迅速补充教学知识，让学生没有时间调皮捣蛋			
6. 教师能确保每个学生都获得不同程度的成功			
7. 课程不仅有精心准备的课堂计划，而且和学生的生活紧密相连，教师能够确保学生在课堂上积极参与			
8. 每个学生都得到了尊重			
9. 教师绝不会让学生惹怒自己			

　　如果上述清单中的所有情况都没有出现差错，那么你要处理的就将是学生的问题。但如果这个问题与你有关，那么你必须迅速地对自己的行为进行调整。总之，教有法却无定法。在平常的教学工作中，如何，机智地去处理教学中出现的问题，还有许多方法值得我们去探讨。比如，营造安静优美的学习环境，教室内外要谢绝吵闹和嘈杂，学校安静了，学生的心才能"入静"。布置好教室，在墙壁四周张贴名人名言或学生的书法作品；教室的角落和窗台摆放绿色植物；课堂上播放与课堂内容有关的音乐和影像资料，这些都能使学生进入专心学习的状态。同时还要建立民主与规范的课堂新秩序，确定合理的教学内容，多开展一些有趣的学习活动，最重要的是用真诚的态度去爱护每个学生。我们要张开自己的怀抱去拥抱他们，这样，学生一定会消除与教师之间的隔阂，从心理上走近我们。对其课堂上的点滴进步，我们都要及时鼓励，帮助学生树立信心，从而产生不断向前发展的意识，获得心理上的满足感、成功感和自尊感，激励他们不断前进。

有情——遇见更好的学生

我被青春撞了一下腰

——如何讲《男生女生》

学生进入了初二，有一天，班主任在办公室说班上的学生出现了早恋的现象，也找学生谈过，可是没有太大的效果，只是从公开转到地下，影响学习成绩不说，还影响班级形象和学校形象。因此，班主任想找到更好的办法，要上一节班会课，问我是否能够提供帮助。这时，我想起了部编版道德与法治课七年级下册第一单元第二课"男生女生"的第二框"青春的心弦"，就是讲如何对待青春期情感的。同时，我也看了复旦大学哲学教授陈果的专著《好的爱情》，其中很大篇幅讲的就是什么是爱情。她给爱情下了定义："爱"是稳定的、持久的、坚韧的、厚重的。"情"从心从青，心理青葱，含有一层幼稚、蠢动、轻佻、善变的意思。"爱"是一路同行，是一对男女基于一定的社会基础和共同的生活理想而在各自内心形成的相互倾慕，并渴望对方成为自己的终身伴侣的强烈、纯真、专一的感情。美国心理学家斯滕伯格也总结了爱情三要素："亲密""激情""承诺"。而复旦大学哲学教授陈果认为爱情的三要素是："激情"——怦然心动，"理解"——对他的了解，"践行"——爱的行动。对于如何讲爱情，我心里有了主意。

一、看一看：什么是爱情（先出示爱情的特征）

（一）激情

一想到他你就会脸红心跳，你移开了你的目光，却怎么也移不开你的心，这就是激情。当他出现的时候，其他人都是背景，只有他一个人凸显在背景之外。那一刻你只看到了他、听到了他、嗅到了他，其他人或事都恍恍惚惚，因为你恍恍惚惚，这就是激情。而当你筋疲力尽，什么也不想做、什么也不愿想、什么也不想听的时候，你却还是想见到他，还是很愿意听到他，他对你来说就是打鸡血，你总是额外地为他准备了一份热情。他让你怦然心动、热血沸腾，这是说不清、道不明的感觉。

（二）理解

真正的爱情怎能没有深刻的理解，怎能缺少心心相印的懂？你若不懂他，你爱的又是谁？在生活中，我们看到很多恋人曾经相识相爱、痴情狂热、山盟海誓、奋不顾身，但是后来却渐行渐远，最后走散了，人生从此无交集。可能你会感到疑惑：两个人明明很相爱，为什么后来却不爱了？他们明明有过一片痴心，可是为什么到最后却也只是各自散去，从此相忘于江湖了呢？由此可见，一片痴情并不等于一片深情。而长久的爱情是需要理解的。当两个人的精神成长开始不同步，一个走得快，一个走得慢，所思所想都不一样，自然就没话可讲了。就算讲了，也是不懂，反倒有可能引起不必要的误会，所以不如不讲。时间久了，精神上的距离就更大了。慢慢地，吃着同样的饭菜却各做各的梦；居住在同一个屋下，却我看不懂你，你看不懂我。当两个人互相不懂却还要在一起生活时，就很难有热情了，留下的只能是冷感，凉凉的冷感导致最终成为同一屋檐下的陌生人。

（三）践行

一个人的心里总是有一片很深的善意，但他从来不把它落实为行动，那就不是真正的善。同样，如果一个人空有爱心、空有爱意，却从来都没有践行，没有爱的实际行动，那也不是真正的爱。比如，我经常对你说"我爱你"，我也觉得我真的很爱你，但是我从来不愿意跟你同甘共苦，也从来不愿意为我们的爱情而战斗，那么当爱情出现挫折的时候，我脑子里经常想的就是放弃——放弃这段感情、放弃你。这就是我所说的，空有爱意却从不践行。我说"我很爱你"，但是我从不认真听你的倾诉，从不想要深刻地了解你的心事。在我做任何决定的时候，我想到的只有我自己，我很少把你放在我人生计划的重要位置……这也是空有爱意却从不践行的典型特征。从这三个特征来看，中学生的喜欢是爱情吗？学生肯定答不是，因为中学生之间的喜欢只是喜欢而已。

二、论一论：他们的喜欢是爱情吗

出示材料：八年级的小明最近很苦恼。因为他喜欢上了班里的一个女生小青，起初他们一起学习，共同探讨问题，还经常一起放学，一起上学，形影不离，大家都认为他们是早恋了，而小明也真的喜欢上了美丽、温柔、善解人意的小青。小青也喜欢上了高大、帅气的小明，因为他成绩好，还乐于助人，也很受同学们的喜欢。

请你们讨论："他们的感情是真正的爱情吗？"通过学生的讨论，基本可以得出他们的感情只是青春期的正常情感，并不具备爱情的三个特征。特别是理解和践行，因为他们只是看到了各自美好的一面，并没有生活在一起，不可能理解，也不能履行对对方的承诺。

三、猜一猜：他们的感情继续下去的危害

通过讨论，可以从早恋对个人（生理、心理、学习）、家庭、社会等方面的危害来谈。

（一）对个人

1. 身体上：危害身心健康，涣散意志

很多早恋者情绪不够稳定、好冲动、易动感情、自控力较差，常常会产生各种影响身体健康的不良情绪。同时易引发越轨行为，许多心理学家认为：青少年激情占优势、容易冲动、自我控制能力差。因此许多热恋中的少男少女不能控制自己的感情而过早地发生性关系，这是早恋对双方身心造成的最严重的损害。

2. 心理上：对早恋者而言，早恋是一个既充满欢喜又充满苦闷的过程

由于对对方的爱恋，早恋者常常因对方的苛刻要求而有情绪变化；也有因为早恋而遭到来自父母、同学、老师的压力，进而造成心理失衡；当不能与恋人见面时，早恋者常常坐卧不安而沉迷于幻想，在幻想中寻求慰藉。如果这种心理发展过深，少部分人会抑制不住自己的情绪而与异性发生性关系，这会造成早恋者心理的严重扭曲。

3. 学习上：干扰学习

青少年由于自我控制能力差，往往会因早恋而无心学习，成绩下降，这

也是我们反对早恋的一个最重要的理由。

（二）对家庭

会影响和谐的亲子关系，让家庭陷入焦虑和不和谐中，让父母担心。

（三）对社会

可能导致犯罪。早恋者一般年轻气盛，对一些事件十分敏感。特别是男生在女朋友面前，面对一些让自己"吃醋"的行为会恼羞成怒，进而大打出手，从而引发违法行为。另一种情况是，由于父母的不支持，谈恋爱的金钱花销无法取得，诱发偷和抢的念头。同时还会影响社会风气和正常的人际交往。

四、说一说：我们要如何对待早恋和同学的表白

（一）克服早恋有以下办法

（1）要清楚地认识到早恋的危害，用理智来战胜这些不成熟的感情。

（2）要注意心理卫生，不看不适宜的报纸杂志或影视节目。

（3）要正确处理早恋和男女生正常交往的关系，不要过分敏感。

（4）多参加集体活动，分散注意力，不要与异性单独交往。

（5）要多和父母沟通，多和老师、同学谈心。

（6）要做一个有责任感的人，遵守道德和法律的底线。

（二）当有人向你表示爱意或求爱时，应该怎么办

刚好看到重庆市优秀班主任吴小霞的专著《班主任微创意——59招让班级管理脑洞大开》，其中就讲到了如何面对分手，很是实用。

（1）要理性认知，对事不对人，分手时只对关系加以否定，不要否定对方的人品。

（2）要胸怀大度，不要记恨对方。

（3）感觉要温暖，正确对待和保护对方的自尊心，不能嘲讽或训斥。

（4）语言要明了，不要暧昧不清，让对方抱有幻想。

（5）立场要坚定，想拒绝一定得坚定，不要犹豫不决。当自己不知所措的时候，请教老师、家长等获得帮助和指导。

最后，我做了总结。同学们，我知道你们长大了，成熟了，在青春萌动的岁月，有一个"青春爱情三角论"，其特点是：①激情——没有节制，不

顾后果，只图一时新奇和感情满足；②亲密——只看到优点，看不到缺点；③承诺——遥遥无期。同学们，面对只有激情，只看优点，而承诺遥遥无期的爱情，何来安全感？动物和人的区别就在于，动物只生存，而人却懂生活。面对青春期的恋爱，你们承担得起吗？

爱情需要具备爱他人的能力，其中包含自我的成熟、道德的完善、对家庭的责任，这些我们都还不具备。爱情需要彼此深入了解，需要一定的物质基础和共同的生活理想，是强烈、稳定、专一的感情。真正的爱情包含尊重、责任、珍惜、平等、自律、付出等，而这些我们都还不完全具备。

通过这样的教育，我相信学生们懂得什么是爱情，他们也一定会明白该如何面对青春期的情感。

备计划，是备课的必需

凡事预则立，不预则废。教师的预习主要是备课，因为备好课是上好课的前提。而备课是教师的重要基本功，是教师的职责和应遵守的规则，也直接影响课堂教学效率的高低以及教学质量的好坏。有人说备课要备教材、备学生、备目标、备习题、备学法，这些说法都正确，但是在新课程的背景下，备课还要备计划，因为没有计划的备课，本身就是一个失败的过程。如果没有计划，那么你就会像是一艘缺少钉子的船。所以，作为一名教师，每天都需要做好课堂计划，这样才能确保自己始终坚持教学的初衷，才不会愈走愈远。只有时时刻刻清楚自己为什么要教给学生该教的东西，才能更好地教育学生，并从学生那里收获更多的惊喜。

一、备课计划的因素

高效的教师都知道，要想上好一堂优秀的课，就必须有一个详细而周密的课堂计划，他们在精心准备优秀的课堂计划时会考虑很多因素。下文中就包含了这些有效的因素和这堂课的目的。

第一，确定说服学生的方法，让学生相信这堂课所教的知识和技能与他们的生活密不可分；第二，确定让学生融入课堂的活动；第三，确定教学中需要用到的工具和材料；第四，确定向学生示范新技能的方法；第五，确定检验这堂课是否成功的方法；第六，确定在学生不能很好地掌握这堂课所教授的新知识和新技能时，能帮助学生更好地理解它们的方法。请仔细看看这些内容，然后对比一下以前自己在写课堂计划时的思路，并认真思考它们之间的差别，这将有助于改善自己的课堂计划，切记，不要忽略其中的任何一个因素。不仅如此，你还应该根据自己的课堂实践，随时添加一些适合自己实际情况的因素。

二、备课计划的实施

我在备部编版九年级上册第二单元第四课"建设法治中国"的"夯实法治基础"一框时，采用了轻松备课清单中的第一到第六点来制订备课计划。

计划一："让学生相信这堂课所教的知识和技能与他们的生活密不可分"，我们选用的材料是《中华人民共和国民法典》（以下简称《民法典》）中关于高空抛物的最新法律修订。我首先提问："同学们，你们去外面时会戴头盔吗？有想过会祸从天降吗？"同学们说："怎么可能什么时候都戴呢，只有在骑摩托车和电动车时会戴。"我又问："那你们知道一枚重30克的鸡蛋，从不同的楼层抛下相当于多大的重量？会有什么样的后果吗？"学生们七嘴八舌地说着，4斤，10斤，20斤。最后我揭晓答案，告诉他们：如果一枚重30克的鸡蛋从4楼抛下，约44斤，相当于一个5岁男孩的体重；从8楼抛下，约62斤，相当于一个10岁男孩的体重；从18楼抛下，约93斤，相当于一个14岁男孩的体重；从25楼抛下，相当于一个成年女子的体重，其冲击力足以致人死亡。学生们面面相觑，似乎觉得不可思议，接着我告诉他们事实确实如此，这么小的东西从高空抛下来就会有这么严重的后果。这对我们来说有什么启示呢？就是要珍爱他人生命，不要高空抛物。

计划二：确定让学生融入课堂的活动。我要让学生动起来，先让他们观看视频"高空抛物的危害"，再次让他们感受到高空抛物可能会带来的后果及会受到的相应处罚。

计划三：确定教学中需要用到的工具和材料。对于计划二，可以让学生去做实验，或是课前做实验，这需要在保证行人或自己安全的情况下进行，同时准备上课用的材料，就是一些高空抛物的图片或一些高空抛物的案例，还有《民法典》对于修改这个条款的意义以及解决这个问题的一些法律条例，并把这些案例做成学案，提前让学生去探究，让学生归纳高空抛物的危害，认识到高空抛物是一种违法行为，要受到相应的法律处罚，还有解决高空抛物的一些方法等。

计划四：确定向学生示范新技能的方法。在阅读学案的基础上，让学生进行合作探究并得出结论，再到课堂上进行展示和分享。

计划五：确定检验这堂课是否成功的方法。让学生展示，教师进行补充，然后以抢答的方式出题，考查学生对于易混淆的知识，如法制与法治、法治与人治、法治与善治、依法治国与以德治国、法治与德治等的关系的理解和掌握。两个大的问题，即为什么要全面依法治国和如何全面依法治国，则采用大的材料题，就为什么要解决高空抛物的问题来再次巩固以上知识。

计划六：确定在学生不能很好地掌握这堂课所教授的新知识和新技能时，能帮助学生更好地理解它们的方法。在学生还不能掌握这两个大问题时，我会进行知识迁移，用不同事例来举例，以达到举一反三、知一而知十的效果。我让学生再举出《民法典》中关于一些法律条文的修订，通过查找《民法典》的相关内容，学生们可以找出关于未成年人保护法的相关修订。比如："①明确了未成年人民事行为能力的年龄界限。八周岁以上的未成年人属于限制民事行为能力人，如果未经监护人同意，参加网络付费游戏或者通过网络直播平台'打赏'等方式支出与其年龄、智力不相适应的款项，监护人请求网络服务提供者返还该款项的，人民法院应给予支持。②明确了胎儿有遗产继承和接受赠予的权利，将对每个人保护的起始点前移到了胎儿时期，体现了我国法律对生命的尊重和对人权的保护。③明确了未成年人遭受性侵害的，年满十八周岁后仍具有损害赔偿请求权，规定了特殊的追诉时效——未成年人遭受性侵害的损害赔偿诉讼时效，自受害人年满十八周岁之日起计算。这条规定也是对不法分子的一种有力震慑，减少因为孩子年幼而伸出的罪恶之手。④明确了紧急情况下对未成年人的临时生活照料措施。对监护制度进行了进一步完善，在突发事件等紧急情况下，监护人无法履行监护职责时，强化了政府的监护职能，规定了未成年人在处于无人照料状态时的临时照料保障措施"。总之，《民法典》为保护未成年人合法权益筑起了一道坚实的法治壁垒，将推动全社会共同建设未成年人健康成长的良好法治环境。

三、备课的反思

备课是上课效率提高的前提，在信息化技术迅速发展的今天，多媒体课件走入课堂后，不但使课堂变得生动活泼，而且信息量、容量大幅度提高。备课的过程就是钻研教材、构思教学的过程，它凝聚着教师对教学的理解和

有情——遇见更好的学生

感悟，体现了教师的创造力，可以折射出教师的教学理念，呈现出教师对教学思想的追求，闪烁着教师的教学智慧和创造精神。因此，备课时一定要认真思考："当我把课呈现给学生时，我该用怎样的语调？怎样的教态？怎样的眼神？面对我的问题，学生会有哪些可能的回答？对学生的回答，我该怎样评判？对于意想不到的情境，我该怎样处理？我能否根据学生的思维，调整自己预先设计好的教案？"只有在备课中多思考，当我们在课堂上面对学生时，才能用真切的行动创造亮点，才能用真诚的话语播撒一颗颗爱心的种子，才能用真挚的感情创造爱的永恒，才能用真实的心灵体现生命的增值和律动。

此时无声胜有声

大多数教师都会承认这样一个事实——你说话越大声，学生听进去的可能性就越小。一个温柔平静的声音很容易传达你对他人的关心，而一个高分贝的声音则很容易传达你的激动和愤怒。在课堂上，如果教师能用一种冷静的方式克制自己，即便在学生失控时仍能保持冷静，那么学生将会回报给教师意想不到的惊喜。

许多研究证明，学生会不知不觉地模仿教师的行为举止，这就是同样的学生在不同教师的课堂上会有不同表现的原因所在。在那些喜欢大声说话、极少保持冷静的教师的课堂上，学生的课堂行为问题非常明显。卓越的教师则非常注重这一点，他们会用尽一切办法，努力使自己保持冷静或者看上去显得冷静。当然，这并不意味着他们总是感觉自己很平静、很容易控制自己，相对而言，他们只是选择了看上去"显得"很平静罢了。其实，要达到这种效果很简单，最好的方法就是尽量用温柔平缓的语气说话。温柔平缓的声音就像止痛药，它能安慰人，让人冷静下来。今天，请为自己的声音进行测评，你会发现，如果你试着让自己的声音平静下来，学生的行为就会有不一样的变化。

课堂声音测评表

项目	是的，我做得很好	一般，我有些不够好	我经常没做到
反思我的行为			
在课堂上，当学生犯了错误，我批评他时，我的声音会变得很大吗			
在课堂上，我讲话的声音很大吗			

苔花**如**米小，**也学**牡丹开 ：一位教师的成长之路

项目	是的，我做得很好	一般，我有些不够好	我经常没做到
在课堂上，我一直都在努力保持平静的行为举止吗			
在和学生发生冲突时，如果学生的声音变得越来越大，我是否意识到，此时我的声音必须越来越温柔才能有效地解决问题呢			
有人偶尔路过我的教室时，是否能听到我为了控制学生或者课堂而极力提高自己的声音呢			
在课堂上，我的声音是否表达过我的激动和愤怒			

启示物助力学科教学

因为送教下乡需要做一个讲座，我想从买的那本《高阶思维》里找一两个故事，让讲座不那么枯燥，也让老师们喜欢我的讲座。习近平总书记2018年8月在全国宣传思想工作会议上发表的重要讲话中说过："要推进国际传播能力建设，要讲好中国故事，传播中国声音，向世界展现真实、立体、全面的中国，提高国家文化软实力和中华文化的影响力。"假如我在讲座中加上精彩的故事，并用通俗易懂的语言把抽象的理论解读清楚，那么一定会取得更好的效果。

我的家不算大，放得最多的东西，除了衣服，就是书了。其中有专业教学方面的书，如《第56号教室的奇迹》《课堂观察》《课堂密码》等；有文学艺术类的书，如《百年孤独》《简·爱》等；有传统文化类的书，如《半世烟下雨，半世落花——李清照》《中国诗词大会》《说文解字》；也有心灵类的书，如《好的爱情》《好的孤独》《懂你》；还有我喜欢的思维方面的《高阶思维》，它们都是我精神上的朋友，也是教学上必不可少的知己。有了它们，我的课堂可以更加精彩，更让学生喜欢。

可是，那天晚上，我要找的《高阶思维》却怎么也找不到了。我把该找的地方都找了一遍，没有找到，只有安心地等待第二天去办公室找了。

第二天，到办公室后的第一件事就是找书。翻遍了书桌和抽屉，却依然没有找到。

晚上回到家后，我不甘心，又仔细地找了一遍，仍然不见它的踪影。记得有这样一段话：当你越想记住某件事时，就越容易忘记它；当你越想做成某件事时，成功的概率反而越低。但是，当你不再注意这件事情时，反而会受到什么启示，很容易就回忆起来；当你不再计较这件事情的成败时，在各种力量的综合作用下，反而容易成功。

我们能够承认这种感受的规律性，可在日常教学生活中，却常以完全不同的态度来对待学生的学科学习。当学生记不住学科知识时，我们没有想过为他们提供相关的启示，而是认为他们没有努力地背诵；当学生考试成绩不理想时，我们没有去思考影响学生考试成绩的因素是什么，而是责怪学生在学习上不够努力。于是，恶性循环就在学科学习过程中形成：既然学生记不住学科知识，就严格要求学生专心致志地背诵学科知识；既然学生的学科考试成绩每况愈下，就严厉地要求学生放弃所有课外学习，而专攻学科知识。学生在付出艰辛的努力之后并没有获得理想中的成绩，于是他们开始厌恶这门功课，开始质疑自己学习这门功课的能力，开始怀疑自己的智商。所以，简单地追求学科考试成绩的做法并没有真正地提高学生的学科考试成绩，反而将越来越多的学生驱赶出了学科教学的领地。

当我们突然想不起某件事情时，最好的方法并不是急躁地去追忆，而是去寻找与之相关的事情和物体，通过外在的线索来实现回忆的目的。这就意味着，如果我们要及时地记住某件事情，最好的方法就是由它寻找很多启示物，因为启示物越多，越有利于我们回忆起它来。同样的道理，要让学生记住并理解知识，最好的方法并不是让学生只学习这些知识，而是拓展与知识相关的领域，为学生理解与接受它们创造更多的启示物。

在上"我国的基本制度"复习课时，我出示了四幅图片。图片一：全国人大代表参加全国人民代表大会；图片二：少数民族人大代表参加全国人民代表大会；图片三：全国政协委员参加全国政治协商会议；图片四：村干部换届选举。提问：四幅图片上的人物在做什么事情？他们分别属于哪些机关？分别代表什么制度？这些制度有什么作用？各有哪些特点？应该如何坚持这些制度？……通过这些图片启示物，学生基本能够把我国的政治制度记下来，还有相关的民族区域自治制度的内容，新型的民族关系，处理民族关系的原则以及如何维护民族团结，如何发展少数民族的经济，如何实现全国人民的共同富裕和中华民族的伟大复兴等。

从失去了心爱的物品这件事上我得出了一个结论，那就是我们要尽量发现身边的启示物，好好地利用它们，为我们的生活和教学服务。要学会用全面的观点看问题，一切就会有不一样的结果，而人生也一样。

爱可以回答不一样的声音

又是周一了，我要上三个班的课，由于早上天气不太好，没有升旗，我就早早来到了办公室，把课件做好后，就等着上课了。不一会儿，学生们陆续地到了教室，听到了上课的铃声，我就往班里走。说是上课的铃声，其实距离上课还有10分钟，而我想到今天的任务有些多，有时事新闻的解读，有学生的默写，还有新课的讲授以及作业的讲评，就想提前去班上完成这些任务。

进到教室，有些吵闹，有的学生在讲话，有的学生在吃东西，还有的学生在准备上课的东西，就是没有安静下来。为了让他们尽快安静下来，进入学习状态，我要求学生先读书，读要默写的复习提纲。

当我要求学生读书的时候，大部分同学都安静了下来，拿出了自己的复习提纲准备读书。可是，这时候一个不和谐的声音响了起来，"还没有上课，为什么要读书"，声音很小，带着不满的成分，由于他坐在第一排，我一下子就听到了。这是一个不爱学习的学生，经常与老师唱反调，可是转念一想，如果真的不管，就可能会影响其他学生的情绪，使他们不太愿意配合老师的教学，进而影响师生关系，甚至影响他们对于这门学科的兴趣。

于是，我就问他："为什么现在不能读书？多点时间学习不是很好吗？"他说："现在没有上课，我们要去上厕所，你要我们读书的话，我们就没有时间上厕所了。"我说："你现在要上厕所吗？"他说："现在不给时间上。"我又问："你到底要不要去？"他说："我不去，可是因为没有上课，你现在会影响到同学们上厕所。"知道他的抵触心理，没有再理会他，我转而问其他同学："同学们，老师不是想提前上课，也不是想占用你们的休息时间，年级组要求我们科任老师提前3分钟到，所以提前来班上没有考虑过你们的感受，但是今天的内容确实有些多，老师就早到了。如果说大家以后上课不要老师提前过来的话，老师就提前3分钟来教室，但是你们要做好准备工作，也要换位思考一下，老师这样做也是为了你们好。你们也说说老师这样做的意义都有什么吧。"有学生举手回答："老师提前来到我们班上，可以让我们更早地进入学习状态，更好地预习新课和复习上节课的内容，对于我们学习成绩的提高具有重要的作用。"看来，还是有学生能体会老师的良苦用心的。我就顺水推舟地问同学们："你们说刚刚那个同学的观点对吗？你们是否赞成他的观点呢？老师也不是专制的君主，老师也想倾听你们的心声，你们有权利表达你们的意见。"

有学生举手说："那位同学的观点我认为是不对的，因为这是一种不抓紧时间学习的行为，这样做会伤害老师的良苦用心，不利于班级形成良好的班风。我们应该珍惜时间，不让自己后悔。"我及时点评这位学生："这位同学很是善解人意，能站在老师的角度思考问题，也能站在全班同学的角度看问题，老师谢谢你的理解。老师也是没有考虑个别同学的感受，以后我会尽量考虑到每位同学的感受，不再提前太多时间来班上，但是，我们作为学生应该自觉、自律，即使没有老师过来，你们也应该做好课前准备，认真复习上节课的学习内容，而不是吵闹不休。大家听明白了吗？"学生齐声回答："老师，我们明白了，也知道要怎么做了。"刚刚那个学生也站起来对我说："老师，对不起。"

看到这样的结局，我很是开心，顺利解决这个问题，就有利于师生间的互爱。在现在的教育中，我们要摒弃传统的师道尊严，建立新型的平等的师生关系，维护学生的自尊心，尊重学生个性的张扬和发展，尊重学生的人格和个人情感，和学生进行心与心的沟通，通过与学生的沟通，达到对学生的真正了解和尊重。只有这样，才能消除学生心中的抵触情绪，使学生尊敬老师和老师的劳动，积极主动投身到学习中去，从而达到提高学习成绩和综合素质的目的。教师不能单方面要求学生，教师和学生应该是互相尊重的。

记得有这样一句经典台词："要记住，爱与被爱是这个世界上最重要的事情。"

情景中的愉悦，美哉

2018年10月25日，由于三班的学生要体检，而这也是他们进入中学以来的第一次体检，学生们都很兴奋，导致一节课的时间很快就过去了，而我只有再把课备得充分一点。

回到办公室，我打开课件，这节课要讲"如何做一个自尊的人"。昨天备了课，上课的过程主要有新闻报道、导入新课、确定学习目标、新课解疑、课堂练习五个环节。我打算先让学生进行新闻报道，再以上节课设置的故事《嗟来之食》为背景材料，让学生快速阅读材料，并设计了四个问题让学生合作探究：①故事中的主人公为什么不吃黔敖给他的食物？②故事中的黔敖有什么不对的地方？为什么？③请你们为这个故事续写结局，并说明你这样续写的理由。④假如故事中的黔敖穿越到了现在，他想去日本旅游，可是他看到日本人修改历史教科书，并且不承认南京大屠杀，那他还要不要去日本？为什么？这四个问题主要是为解决上节课的内容"自尊的意义"而设置的，但是我想了想，如果把这四个问题中的三个放在今天这节课上也可以，因此就沿用了。

这样安排还是令我比较满意的，因为上述两个问题可以解决本节课的两个知识点，让知识的生成水到渠成，真是一举两得。不仅培养了学生的想象力、创新力，也能够把自主学习、合作学习和探究学习真正落到实处。

下午上的第一节课，是四班的课，我先对他们进行了一番表扬，上节课是由黄老师代课的，黄老师说同学们的课堂表现很好，答应给他们每个人都加上2分。今天走进教室时，没有出现以前的打闹，也不是以前稀稀拉拉的读书声，而是在科代表的带领下，非常整齐有序地读书，声音大且整齐，每个人都是那么认真。

抓住有利时机，我对他们进行了表扬。我说：同学们，你们今天表现得非常出色，我以为你们会是在打闹，或者做些与学习无关的事，或者听到的读书声是稀稀拉拉的，要科代表来维持纪律。可我看到的是你们那么认真地读书，你们的声音整齐、洪亮，从你们的读书声和口号声中，我感受到了你们的变化，不仅有学习状态的改变，还有精神面貌的改变，真是"士别三日，当刮目相看"。我相信，在这样的状态下，我们班的学习成绩也一定会让所有老师刮目相看。我今天特别问了上次给你们上课的黄老师，她说你们的表现真的不错，老师也兑现承诺，给每位同学加上2分。等我说完话，教室中响起了热烈的掌声，我相信他们是真的很开心。

抓住有利时机，我对他们进行提问："老师刚刚表扬了你们，你们心里的感受是什么样的？下面我来采访我们的同学。"学生很积极地举手回答，有同学说："老师，我们感到非常开心，因为你是真的在表扬我们，是真心的，不是虚假的。""老师，我们很高兴，因为很少有老师这样来表扬我们，我们班原来纪律是有些不好，我们老师也总是指责我们，因此，我们以后一定要做得更好。"我接下来提问："你们的这种感受是一种什么心理呢？"他们回答道："自尊心。"我说："你们都是一些有自尊心的孩子，自尊是一个人之所以为人的必要操守，自尊是获得他人尊重的前提，自尊是一个人前进的动力，是一个人取得成功的必要条件，是一个民族精神的基础。因此，我们要做一个自尊的人。那么，如何才能做到自尊，成为一个自尊的人呢？"自然引入了今天的课题。

为了解决好第一个问题（自尊就是接纳和珍爱自己，做到自重和自律），我设置了这样一个环节，就是"才艺展示"。以自愿为原则，让学生上讲台展示他们的才艺。有几个人举手，我点了其中一个，是个子小小的女生，她叫小紫，一个很有诗意的名字。她的作业向来完成得比较认真，上课也积极回答问题，参与讨论，是一个有上进心的女孩子。

这样一个柔弱的女孩子，镇定自若地来到讲台上，神情自然地扭动着小小的身躯跳起了拉丁舞，婀娜多姿、袅袅婷婷、欢快灵动，她一边跳还一边轻声地说出舞曲的节奏，以使她的舞步不会凌乱，小小的身躯即使在大大的校服中，仍然显得那么美丽。我被她深深地吸引了，由衷地表扬她："真是太美了，能做我的老师吗？"下面的学生开心地笑了，小紫同学也爽快地答应说"好"，我们的师生关系十分和谐。

和谐师生关系的确立，有赖于教师自身观念的更新和素质的提高，人格的不断健全和完善以及对学生无微不至的爱和时时刻刻的尊重。相信和谐的师生关系将会迸发出强劲的教育能量，促使教育效果不断提高，做教师如此便足矣。

有情——遇见更好的学生

别样的备课比赛

学校要实施智慧课堂教学、更新教学理念、打造高效课堂活动，对教师们提出了具体要求。

学校各科组通过教学设计、预学案设计、导学案编制、课堂教学、命制试卷等一系列比赛，提高教师钻研教材、集体备课等教学能力，打造高效课堂。领导要求45岁以下的教师都必须参加学校规定的备课比赛。首先是个人备课。由学校规定比赛时间和地点，由各科组长（不参加比赛）规定比赛课题。参赛教师在规定的地点进行个人单独备课，比赛场地只能带课本、纸和笔，不能带手机和电脑等通信工具，备课时间统一为三个小时，及时上交教学设计和预学案。学校收齐后进行编号密封处理，再交评委进行评分。根据分数高低，按参赛人数的30%评出优秀教学设计。其次是集体备课。以备课组为单位进行集体备课、研课，共同修改、完善。时间和地点由各备课组自定，各备课组在学校规定的时间内提交一份教学设计、一个导学案和一个课堂教学课件参评，学校将组织评委评出优秀教学设计、优秀导学案、优秀课件各一个。最后是各备课组推荐（或随机抽取）一位教师进行课堂教学比赛，时间、班级由学校指定。学校组织评委对课堂教学进行评分，对课堂教学效果进行5分钟的当场检测，根据评委的评分和检测成绩评出一个优秀课例。

今天要进行第一个环节，即备课。我们科组共十三个人，除了一位领导，其他的领导和教师全部都要参加。两周之前，教学处要求我们每个备课组报两个课题，这个课题必须与我们的教学进度相一致，不能是经过挑选的，所以，我们科组共报了六个课题，七年级两个、八年级两个、九年级两个，由各位备课组长找学生借好课本，将其提前放入要备课考试的场地，其他教师在规定时间去到备课场地进行个人备课。

先是历史科组抽签，他们抽到了5号，是九年级的课，九年级的教师发出了一阵欢呼。轮到我了，我看看桌子上摊开的几个小纸团，把离自己最近的那个纸团拿起来并交给领导，领导要我自己打开，一看是七年级的课，大多数人都比较开心，因为大多数人都上过这一课，只有我没有上过，我相信他们一定是胸有成竹了。

学校给每人发了一张教学设计纸、一本教材、一张草稿纸。拿到之后先把自己的名字写好，并写上要备课的课题，然后通读了一遍教学设计，内容有教材分析、重点和难点、知识结构图、板书设计、教学过程设计、创意亮点等。个人觉得，这几个方面的设置不够科学，教学设计过程应该留下更多的空白地方，可是留得不够，于是只能想办法尽量美化自己的教学设计。

接着我开始打草稿，先是写课题相对应的新课程标准，再写教材分析，确定好重点和难点，然后进行教学过程的设计，确定教学设计思路及要创设的情境材料，并对本节课的内容进行简单分析。新课导入，我采用最简单的开门见山法，针对本节课的内容，我设计了如下导入：同学们，我们经常说，我们的自尊心受到了伤害，那么什么是自尊心？为什么要有自尊心呢？今天这节课就跟随老师一起来学习自尊自立吧。这样设计虽然没有什么新意，但是至少可以节约时间，引发学生的好奇心，让学生较快地进入状态。新课探究，我设计了四个活动，即辩一辩、演一演、议一议、说一说。

先说辩一辩。说说下列行为是自尊的表现吗，为什么？我设计的是一个七年级学生小新的四个镜头。镜头1：早晨，小新要上学了，他对着镜子整理校服和红领巾，看到穿戴整洁的自己，不由得笑了。镜头2：在公交车上，小新给一个老大爷让了座，车上的人们向他投来赞许的目光，他心里美滋滋的。镜头3：下课时，小新不小心踩到了班上一个"富二代"的脚，"富二代"要小新把他的鞋擦干净，小新拒绝了。镜头4：由于与同学发生了矛盾，小新上课时心不在焉，以至于没有听到老师提出的问题，老师批评了他，他后悔莫及，又内疚地低下了头。针对上面四个镜头，学生分组进行讨论，分析四个镜头中小新的行为是否是自尊的表现，为什么？我这样设计的意图是，通过身边的事例，让学生能够分辨什么是自尊的表现，以提高他们辨别是非的能力。归纳出自尊的表现，从表现中概括出自尊的含义。与别人先讲自尊的含义再讲自尊的表现不一样，这样的知识生成是水到渠成的。再通过情景剧表演，让学生表演法国作家莫泊桑的《项链》，挑选三位同学，一个扮演女主人公，一个扮演女主人公的好朋友，一个扮演女主人公的丈夫，让学生从表演中找出自尊与自恋的区别并完成表格。这样做既能把自尊与自恋相区别，又能提高学生的兴趣，把难点突破了。

接下来，要突破重点了，我设计了观看视频《嗟来之食》，然后提出问题，进行合作探究的思路。设计了四个问题：①这个故事的主人公为什么不接受施舍的食物呢？②这个施舍食物的人所做的有什么不妥的地方？为什么？③请你为这个故事续写结局，并说明理由。④假如这个人穿越到了现代，他想去日本旅游，可是日本说他必须承认钓鱼岛是日本的才让他去，他应不应该去？为什么？通过学习探究，答案的生成便是自然而然的。

为了更好地进行拓展延伸，我还设计了说一说这个环节，就是让学生先在家里搜索关于自尊的名人名言，在班上说一说，以使他们更进一步地理解自尊的含义及重要意义，然后写下自己的创意和亮点。

最后就是板书设计了，想设计出特别的图案也难，时间一分一秒地过去，想到自尊是一种心理需求，因此设计成了自尊之心，把自尊放在心脏里面，填写自尊的含义、表现及其与虚荣和自恋的区别，以及自尊的重要性等。由于我绘图技术不好，心脏画得不是很好，但是考虑到已没有时间了，还是上交了。

结束后，心里有些许遗憾，觉得不够完善、不够完美，可是想修改也不可能了，还是顺其自然吧！别样的备课比赛，别样的收获，只要努力过，就不后悔。

培养孩子负责的行为

由于要交比赛的作品，我周五在几个班中找了几名学生，告诉他们周日晚上要上交比赛的作品，并且再三确认他们是否能够按时完成。得到他们的承诺后我放下了心，还有一个原因是我强调会把文件发给他们的家长，由家长监督他们按时完成。

布置好任务后，我就加了几个孩子家长的微信，直到下午4点多，最后一个家长才通过了我的请求。我先后把文件发给家长，直到家长也确认会告诉孩子并且督促他们完成，我才最后放下了心。

周末很快就过去了，我说好晚上去收作品，先到一班，找到两位学生。其中一个男生是这学期才转过来的，长得高大帅气，成绩好，上课认真，作业工整，父母都是老师，家教也不错，是个懂事的男生。他的作品是手工完成的，画得比较粗糙，但创意还不错。另一个是女生，长得比较清秀，绘画不错，参加了广东省"英东杯"的艺术活动，取得了团体一等奖。她的作品也还不错，只是规格与要求有些不太符合，我也担心不能通过。

我又到了二班，我把学生叫出来，一个男生，长得高大帅气，是这学期国旗护卫队的旗手，成绩一般，这学期作业做得不太好，为了将功补过，他答应了参赛。可是当我问他要作品时，他竟然说还没有画，只见他把一张画纸放在桌子上，我有些不太高兴地问他为什么不画，他说晚上画，可是他手上拿的却是另一本书，且没有要把它放下而开始绘画的动作。

回到办公室后，我让另外两位学生打开电脑，把表格填写好，却发现其中一个女孩没有完成作品。她说忘记带来了，我继续问她，她想了想又说她妈妈没有告诉她，也没有把文件给她。于是我决定打电话给女生的妈妈，确认问题到底出在谁的身上。当着孩子的面我拨通了电话，我问她妈妈是否给了孩子文件并告诉孩子周末晚上要交作品。她一直说是自己的问题，忘记了这件事，而且孩子上午要参加学校的志愿者活动，就没有告诉她。其实我知道，肯定她是告诉了孩子，只是不想让孩子受到老师的责备，而代替孩子圆谎。可是，我要让孩子明白因为自己的不负责，才会让自己的父母受到责备，于是当着孩子的面跟妈妈说这是不负责任的行为，家长这样做是不能给孩子树立榜样的。她妈妈一再向我道歉。孩子站在那里不作声，因为她也知道自己的错误。我问她这样做的后果是什么，她嗫嚅地说道："不负责、不守信会让自己失信于人，会受到他人的责备与处罚，不能得到他人的尊重与认可，以后也难以获得他人的信任、难以在社会上立足。"

责备学生并不会产生意想中的效果，应该用其他方法处理这件事，因为思政课就是要立德树人，让生命能够成长，于是我决定再去班上找她，即使完成不了任务，但努力过就可以。我把她叫出来，拉着她的手一起去买画纸，并告诉她我刚刚打电话给她妈妈的意图。她听后流下了眼泪，说是自己错了，是自己的问题，与妈妈无关，是自己想来到学校后再画，结果时间过去了却没有画，是她对不起我。这才是我想要的，学生知道了不负责的后果是不仅会连累自己，也会连累爱自己的老师和父母，因此，她决定听我的话。我鼓励她，说她是个懂事的孩子，老师喜欢这样勇于承认错误并且承担错误的孩子，不管是否能画好，我都相信她，因为知道反思的孩子就能够取得进步。事情已经过去了，学生也认识到了自己的错误，这就足够了。

作为孩子的监护人，我们还是希望家长能以身作则，做孩子的榜样，家长也表示下次会配合老师。晚修快结束了，我来到办公室，几个孩子都在认真地做自己应该做的事，有两个在写作品创意，有两个在画画。尽管时间比较晚了，但他们还是很认真地在画，这样和谐的画面，不是最好的结果吗？

课堂反思

又到了科组活动的时间，是两位教师的同课异构，课题为"学会沟通和交往"。

两位教师呈现出了两种不同的风格，他们的课堂都充分展示了自身的魅力与特点。焦老师能较好地收集与整理素材，注重情感教育，让学生体会到与父母和老师沟通的重要性，了解沟通的技巧与方法。焦老师收集的素材有《世界上最辛苦的工作》视频，让学生从中理解父母的辛苦，从而体谅父母；还有大量的漫画，特别是一幅很新的、很流行的漫画《老师的一天》，再加上学生的配音，可以很直观地让学生明白教师工作的辛苦，让学生真正体谅教师的不容易，真正地理解他们，正确对待教师的表扬与批评，从而发自内心地尊重教师。

黄老师的课则充分利用了多媒体一体机的优势对学生进行教育教学，充分体现学生的主体地位，让学生说、做、练，注重提高学生的做题技能与技巧。黄老师设计的小品是《金牌调解》。仿照江西卫视的《金牌调解》这一电视节目，她编写了小品，与学生的实际相结合，设计了三个问题，让学生进行合作探究：①小品中，妈妈的诉求是什么？②小品中，你的诉求是什么？③请在座的各位联系实际生活，谈谈我们应该怎样与父母沟通（分组讨论，把讨论结果汇总）。在学生讨论后就进行展示，利用Link的功能，把合作探究后写下的观点进行拍照上传，然后对他们的观点做点评打分，对获得最高分的进行加分奖励，学生的积极性很高，写得也比较到位。听课的教师给予了这堂课比较高的评价，不过不足之处是这样做虽利于应对中考的要求，但是对于七年级学生情感态度与价值观的培养有所欠缺。

总之，这两节课各有优点与不足，但是应该如何更好地学习他们的优点，是我要思考的。反思自己讲过的课，条理是清晰的，但是材料不够新颖，没有视频也没有小品，有的只是情境设计。过程不同，结果会相同吗？因为课前要进行情景剧表演，课后还要有练习的讲解，因此在讲授新课的时候，时间问题不能够很好地解决，有时新课的内容不能很好地完成，达不到课堂的高效率。

为了达到情感态度与价值观和知识的有机统一，晚上在备课时，我就花了心思。我要讲的是"感激父母"，也就是为什么要感激父母。课本上的内容只有三句话：父母是我们生命的来源，父母是我们生命的守护者，父母是我们的第一任老师。对于这样简单的三句话，我应该如何把它讲好？如何讲出自己的特色呢？又该如何达到情感态度与价值观和知识的有机统一呢？

这是关于感激孝敬父母的课程，那么能不能在"孝"字上做文章呢？可想到这是语文的内容，由我这个思想品德老师来讲会不会是班门弄斧？转而又一想，难道弘扬中华文化只是语文教师的责任吗？我们讲孝敬父母不就是对传统文化的弘扬吗？只要讲得合理，也一样能够让学生明白。可是要怎样才能让学生感兴趣呢？我在脑海中搜索看过的电视节目，想着可不可以用猜谜语的方式？可以，可是要去找谜语有些难，还有我也编写不了关于孝字的谜语，有些行不通。再看看这个"孝"字，能不能用拆字的方式，让学生进行"说文解字"的活动呢？这个想法让我很兴奋，这样不仅可以调动学生的学习积极性，也可以让学生了解博大精深的中华汉字文化。我马上上网搜索"孝"字的含义及不同时期的不同写法，将其做成PPT，并且提出了两个问题：①"孝"字不同时期的不同写法说明了什么？②请你们来说一说"孝"字的组成及含义。让学生来说一说"孝"字的意思，我相信一定会有不一样的答案与收获。

解决了第一个问题，接下来就要讲为什么要孝敬父母了。课本上就三句黑体字，让学生记住很容易，但是要让学生发自内心地懂得为什么要孝敬父母难度就比较大了，我又开始了新的思考，最终找到了泰国的一个视频《一个菠萝、女儿和我》。可这个视频只是明显体现了父母是我们的第一任老师这点，对于前两点没有很明显的体现，我必须恰当准确地提问才能让学生既有兴趣思考，又能够思考出我想要的答案。我想了又想，提出以下两个问题：①视频中的小女孩与那个中年妇女是什么关系？她们的关系说明了什么？

②中年妇女的言行对孩子产生了什么影响？这样，所有问题就迎刃而解了。

至于音乐，我选用了《时间都去哪了》这首通俗易懂又深入人心、旋律缓和的歌曲，相信一定可以使学生的情感态度与价值观有所升华。

想到最近看过的《目送》，如果能在课堂上朗诵给学生听，一定也会让学生深受启发，可因为我的朗诵水平有限，普通话也不太标准，效果肯定会大打折扣。最好是能够下载这样的录音，于是我上网去搜索，找到了我想要的朗诵录音，学生闭上眼睛静静地听朗诵时，如水般细腻的母爱和如山般深沉的父爱会从他们的心间淌过，从而会更加感激父母，理解他们的不容易。

以上材料都具备了，这些素材既符合学情又能够让学生产生浓厚的兴趣，接下来就要进行知识的讲授了，但是又要体现出以学生为主体。于是我采取了小组合作的方式进行重难点的讲解，针对上面的视频提出问题，在规定的时间内让学生进行合作探究，并且要求组内的每个成员都必须发言，讲出自己的观点，安排另外的学生将答案做好记录，然后进行小组之间的竞赛，评选出一等奖和二等奖。一等奖的小组得3分，二等奖的小组得2分，三等奖及以下的小组不加分。充分利用多媒体一体机的优势，用一个新的软件Link，利用飞频技术，把学生讨论写下的内容拍下，由老师按区拍好、上传，然后带领学生一起对展示的内容进行评分，指出学生答题讨论中出现的问题，再由其他学生进行点评。这样既调动了学生的积极性，又让学生在合作探究中得到答案。

有情——遇见更好的学生

有 思

——成为更好的自己

不懈努力趣味相生，修己惠人善美相行

——一位初中政治名师的成长案例

一、一枝独秀不是春，百花齐放春满园

我是一个湘妹子，三湘四水的灵动多彩，孕育了至刚又至柔、有趣又有味、优雅又知性、善良又灵活、多情又细腻的我。王小波曾说："一个人只拥有此生此世是不够的，他还应该拥有诗意的世界。"因此，我努力让自己的课堂成为有趣味的诗意课堂。2009年来到韶关，韶关是一座善美之城，韶关自古民风淳朴、热情好客，诚实友善、乐善好施，客家人那种崇文尚武、耕读传家、勤劳勇敢、刻苦耐劳、勇于开拓的品德深深地影响着我。扎根粤北山区这片沃土之上，散发芬芳，无私奉献，无怨无悔，在最好的年华把精力放在最爱的教育事业上，紫荆盛放，扬帆起航，诚心育人，不负韶华，"不懈努力趣味相生，修己惠人善美相行"是我一生所求。

柔弱的我在教学教育上从不服输，从教21年的我担任学校的科组长，被评为广东省特级教师，省名教师工作室主持人，省中小学新一轮"百千万人才培养工程"名教师培养对象，市学科带头人，市三八红旗手，工作、家庭两不误，我家也被评为市优秀书香之家，把孩子培养成清华大学的优秀学子。2016年、2018年分别带领科组获评"减负增效"先进典型示范教研组和"市巾帼文明岗"，真是"一枝独秀不是春，百花齐放春满园"。多篇教学论文和教学设计在国家、省、市论文评比中获奖并发表在全国中文核心期刊上，获市优秀课例评比一等奖，主持过市和省课题，获市级教学成果二等奖。

二、 我的成长历程——莫嫌海角天涯远，但肯摇鞭有到时

时节不居，岁月如流，回首相视，在教育这个行业里已耕耘了21个年头。在每一个与学生为伍的日子里，我都感受着喜悦的幸福，脸上总是有着美美的笑容，心中总是装着满满的快乐，我把自己的那一份愉悦、那一颗爱心、那一种执着都无私地奉献给了学生，我相信"莫嫌海角天涯远，但肯摇鞭有到时"。

（一）努力坚守教师梦，安稳平淡度年华

我出生在湖南省郴州市宜章县一个偏僻的小山村，父亲是一名农村小学教师，他勤劳、朴实、善良的性格和农村的淳朴影响了我，使我从小就立下了当一名教师的理想。父母只生了我们姐妹俩，在偏僻的小山村，重男轻女思想特别严重，因此很多人都看不起我们，但是父亲却从没有抱怨过，从来没有与他人发生过冲突。他用他的善良和坚强告诉我们要努力读书，回应他人看不起的最好方法就是让自己有出息，未来能够有一份体面和安定的工作。我初中就读于湖南省宜章七中，学校离我们家很远，要走四十多里山路，从家里去学校要从早上8点多钟走到下午5点多钟，相当于一个半程马拉松，学校是放月假，每个月回家一次，由于20世纪80年代还没有双休日，我们是周六上午上完课吃完午餐后回家，从12点多钟要走到晚上七八点钟，到家后天全黑了，走得双脚肿痛，筋疲力尽。父母看到很是心疼，烧好热水给我泡脚，然后帮我擦上红花油，让疼痛慢慢缓解。第二天早上吃完早餐又要去学校，再经历一次马拉松，到学校要下午四五点钟，瘦小的身躯还要带上一个月的口粮，辛苦疲惫可想而知。求学路的艰苦，没有让我失去学习动力，反而更加努力地学习，中考时考入了我们县最好的高中——宜章一中，经过三年的努力，终于在1994年考入了衡阳师专。虽然只是个专科，但我的家人也都很开心，因为我是我们村走出的第一个大学生。1997年，也是香港回归的那一年，我毕业后被分配在宜章县第四中学，一所乡镇高中，成为一名高中政治教师。有了所谓的铁饭碗，跳出了农门，觉得没有必要认真努力了，这些想法让我一点压力都没有，没有认真学习，没有追求。学校要求不高，也没有举办过什么教学研究和教学比赛，更没有参加过学校和县里的教学比赛，完全是"躲在小楼成一统，管他冬夏与春秋"。就这样，"努力坚

守教师梦，安稳平淡度年华"。

（二）上下求索不服输，有趣有味有心人

很快步入了21世纪，世界各国人民满怀希望、昂首阔步地迎来新世纪的曙光，我也有了自己的千禧宝宝。为了让孩子能够接受更好的教育，我开始思考要考入县城学校，给孩子一个好的教育环境。2005年我考入了宜章八中，那是一所县城的完全中学。进入新学校后，学校安排我担任初三和高二的政治科任教师，教学任务重，机会多。10月有全县的高中思想政治教学比赛，领导对我寄予厚望，派我参加比赛，我心中非常忐忑，担心辜负领导的信任。因为参加比赛要制作PPT课件，要运用多媒体技术，因为我曾经的不努力，对于PPT的相关知识了解甚少，如何制作、如何操作、如何美化一点都不知道。一是当时的乡镇高中没有多媒体设备，也没有用过这些技术上课；二是自己的原因，我是一个思想观念陈旧的老师，教学手段单一，只有一支粉笔和一块黑板，总是在自己的世界中满足于现状，不学习新的教学理念和教学方式，不钻研新的教学手段，更没有与时俱进，成了井底之蛙。我为"安稳平淡度年华"而后悔。但我是湖南人，湖南人骨子里是不甘于落后、勇为人先的，其"上下求索，心忧天下"的精神激励着我，我求教于学校的信息技术老师，一边学一边做，终于做出了精美的PPT。在我的课堂上，师生和谐互动，趣味并存，在与重点中学老师的比赛中，我获得了高中组的一等奖。那一刻，我热泪盈眶，深切地体会到，只要"上下求索不服输，有趣有味有心人"，就一定会缩小与县城重点中学的优秀老师之间的差距。

（三）闷闷不乐受打击，善美之城启心扉

2008年，改革开放30周年，我们国家成功地举办了奥运会，改革的浪潮推动着每个人前进，我也在不断学习与进步。我所带的班级成绩在2006年、2009年的初中升高中时，学生的平均分、及格率、优良率都居全县前列，连续两年获得宜章县政府嘉奖。2009年，为了解决两地分居的问题，我从原来的公办学校辞职，放弃了公办编制，考入韶关市一中实验学校。在这个民办重点学校，我感受到了很大的压力，一来学校领导便给予我重任，安排我上九年级的课。成绩是学校的立身之本，如果教不好，就会失去这份工作，丢了铁饭碗，我还能高枕无忧吗？于是不断地运用我的"中考秘籍"，最大限度地提高学生的分数，每次看到学生拿高分，我就会由衷地感到幸福。就这样，我

在这里一直教了7年初三，也一直做着一个幸福老师的梦。

可是这种幸福有一天却被无情地击碎了。临近中考，我找学生背书，学生非常开心，说："老师，我还有一个月就不用学政治了，太好了！"我问："为什么？"他说："政治太难背、太难学，太没有用。"我吃惊地说："不对，你们高中也要学。"他开心地说："不用，我学理科。"我说："学理科也要参加会考。"他说："会考很简单，不用背。"我说："读大学也要学，是公共科目，考研究生也学，考公务员也要学。"他说："以后再说。"我非常震惊，原来我带给他们的不是幸福感与成就感，而是无奈与折磨。所谓得高分，又带给了他们什么？我不断地反思。韶关这座善美之城，民风淳朴、热情好客、诚实友善、乐善好施的品德深深地影响我，六祖慧能"本来无一物，何处惹尘埃"的智慧点化了我，使我明白了，教育的目的不是学生考出了多少分数，更重要的是能够影响他们的可持续性生长，获得人格的健全和精神的成长，培养其责任感、使命感及创造美好生活的主人翁精神。

（四）孜孜不倦去学习，修己惠人来践行

党的十八大报告提出全面建成小康社会的宏伟目标，并把教育放在改善民生和加强社会建设的首要位置，广东要创建教育强省，打造南方教育高地，连续五年每年拿出5亿元专项资金实施"强师工程"，用于加强教师队伍建设。在这么好的教育政策下，我享受到了广东省的教育福利，于2014年和2015年分别选为了广东省首批骨干教师培养对象与广东省新一轮"百千万人才培养工程"初中文科名教师培养对象，2017年评上了广东省名教师工作室主持人，2018年评上了广东省特级教师，工作室的理念也总结为"精研细琢，修己惠人"。我参加了在北京、浙江、广州等地举办的各种高级培训班的学习，开阔了视野，更新了理念，同时也在全国各地培训学习的地方不断进行教学实践，先后参加省市级的多节示范课和专题讲座，每一次的示范课和讲座我都受益匪浅，能力也得到了提升。这些讲座中都体现和贯穿了我的教学风格，即"趣味相生，善美相行"。

在教学中，我采用以学生为主体的教学方式，如采取小组合作学习方式，小组合作学习方式是我们学校提倡和推广的教学方式，每节课我都会针对重点和难点设计相应的情境，让学生进行合作探究，设计由易到难的思辨

有思——成为更好的自己

问题，通过辩论赛开拓学生的高级思维，通过正能量的故事培养学生的核心素养，让课堂达到趣味相生，让学生做到善美相行。

"曾经沧海难为水，除却巫山不是云"，虽然教育事业是孤独寂寞的，但是我甘于平淡与寂寞，认真做好每节课的研究。成功不是追求别人眼中的最好，而是把自己能做的事情做到最好，我相信"莫嫌海角天涯远，但肯摇鞭有到时"。

三、学科教育观——不懈努力趣味相生，修己惠人善美相行

（一）我的教学主张——让道德与法治课成为趣味生活、善美相行、知行合一的平台

1. 问渠哪得清如许，为有源头活水来——联系生活阅读，唤起课堂"趣味"

（1）联系生活，运用各种方法，唤起课堂的"趣味"。

人教版初中《道德与法治》采用多种方式打造趣味课堂，强调"以初中学生生活为基础"，善于开发和利用初中学生已有的生活经验，紧密联系初中学生逐步扩展的生活经验，尽量满足初中学生对各种生活的关切，充分运用现实生活中丰富的教学资源。因此在教学中要运用贴近学生生活的实例进行教学，引导学生自己思考问题，自己去发现和矫正错误的心理状态，改变一味灌输的教学模式，打破沉闷的课堂气氛，提高教学效率，让学生品出生活的真味。我的每一节课都会收集贴近学生生活的时事材料和热点话题进行授课。

游戏教学是"寓教于乐"的具体体现，既符合青少年的心理特点，又能达到事半功倍的效果。为了上好"学会合作"这一课，我采用了游戏体验法"合作抬单杠"。首先，出示要求和规则：①选两组同学站在讲台上，面对面站好；②请所有人都伸出食指，并放在胸前的位置；③老师把单杠轻轻放在所有人的食指上，要求所有人的食指都必须轻轻托着单杠；④不许用手勾，每个人的食指都不能离开单杠，然后把这根单杠放到膝盖的位置，如果有人手指离开了单杠，就算违规，必须重新开始；⑤最快完成这项目标的那组就是优胜者。其次，提出问题，合作探究：①成功的一组说说胜利的感受及原因；②输了的一组说说输了的感受及主要原因；③请同学们说说游戏给我们的启示。

学生们兴趣高涨，都争着要上台来做游戏，没有选上的还不高兴。到谈

感受时，学生们的发言如涌泉之水，有思想、有创意，没有做游戏的同学，下课后还要求给他们机会再做一次。

（2）多多读书，提升课堂趣味和品位。

提升课堂趣味和品位最好的办法就是从书中汲取知识，我订阅了《中学政治教学参考》，每周都会阅读里面的文章及优秀课例，其中的一些优秀课例为我的课堂教学提供了很好的素材。另外，我购买了具有时代气息和生活气息的书，如白岩松的《白说》《你幸福吗》《行走在爱与恨之间》，曾国藩的《家书》系列等。

同时还会不断补充历史知识，看一些历史方面的书，如《明朝那些事儿》，在课堂上将与此有关的知识也讲给学生听，或者是让学生来讲他们所读到的书中与课堂内容有关的人物或者事件，学生的积极性大大地提高了。

2. 随风潜入夜，润物细无声——传递善美理念，达成知行合一

（1）尊重、关爱，传递善美。

近代教育家夏丏尊说："没有爱就没有教育，教育的形成如同水池，惟有情和爱才是池里的水，没有情和爱，教育就成了无水之池，任你形状各异，总逃不出一个空虚。"许多调查显示，广大学生认为"好老师"的标准是"理解、尊重、公正、平等、慈祥、热爱儿童……"。其实，在理解和尊重学生、公正和平等地对待学生等行为中，"关爱学生"是前提，没有爱何谈理解与尊重？教育事业是爱的事业，教师要尊重、关爱每一名学生，关心每一名学生的健康成长和学习，以真情去教育和影响学生，努力成为学生的良师益友，成为学生健康成长的指导者和引路人。为了引导学生做善美之人，我以身作则，进行家访。

我教200多个学生，虽然一个星期只有两节课，但我要求自己每天找一名学生谈话，一个星期与一个孩子共进午餐，一个月对一个孩子进行家访，并且建立孩子的成长档案。特别是对于一些学困生，给他们提出符合实际的目标，在他们达成我提出的目标之后进行精神和物质奖励，在他们生日之际进行生日祝福，并送上小礼物。他们特别喜欢，因此也很认真地对待我布置的任务，师生关系和谐，学生们不断地进步。

（2）生活实践，践行善美。

要践行"善美"，还要求教师充分利用课堂教学阵地，传递正能量，让

有思——成为更好的自己

学生在生活中真正做到善美相行、知行合一。

每年都有感动中国人物的评选，每当《感动中国》播出后，我都会用一节课的时间给学生们看感动中国人物的颁奖典礼，再让学生谈他们看完视频后的感受以及打算如何以实际行动向他们学习。

有的说："谁说人间没有真爱，谁说社会缺乏信任，谁说物质高于一切，谁说中华传统美德已经沦丧？他们就是最好的榜样"；有的说："感动中国让我们知道人应该懂得关爱和感恩，懂得坚强和坚持，我们要多参加志愿者活动，我们要为需要的人捐款捐物"；有的说："感动中国激励我们前行和进步，我们要在生活中从小事做起，在家里关心孝敬父母，在学校尊敬老师，与同学友好相处，要平等待人，尊重他人，与人为善；在社会上我们要关爱他人，为弱势群体如老人让座等"。我用这样的方式引导学生做到善美相行。

有人说："有境界就有高度，有修养就有深度，有责任就有方法，有追求就有创新，有坚守就有收获，有付出才有快乐。要教育他人自己首先要接受教育，要感染别人自己首先要受到感染，始终恪守传统的人无法融入时代，始终故步自封的人无法体验快乐，无法发现问题的人终日无所作为，无法接受约束的人终日困境丛生。"我相信，只要不断付出、不断进步、不断学习，一定可以让道德与法治课成为趣味生活、善美相行、知行合一的平台。

（二）我的教学风格解读——趣味相生，善美相行

"趣味相生，善美相行"指的是我在道德与法治课上通过创设各种情境，让课堂充满趣味，让趣味和品位相互交融，同时在课堂上传递真善美的正能量，使学生在生活中也能够运用所学的知识践行、传递善美之行，达到"知行合一，过积极有意义的健康生活"。

"趣味相生"中的"趣"指的是"意趣、情趣、理趣"，就是课堂的"趣味性"；"味"指的是道德与法治课要"上出真味，让学生品味，结果是隽味"。"趣味相生"指的是趣味和品位的有机结合，让课堂教学活色生香、回味无穷。为了达到目的，我采取了多种教学方式，如自主合作探究、辩论赛等，创设问题情境，开展游戏竞赛，设置有思辨性的问题，从而激发学生的兴趣和求知欲，让学生体验成功，培养学生的思辨能力。同时从生活中找出相关的新闻材料，课上让学生进行新闻播报或漫画解说、猜谜语大赛等，富有趣味的课堂让学生不知不觉地"亲其师，信其道"。

韶关也是一座善美之城，"善"是中华传统文化中最重要的特质和核心价值，"积仁善之德，培身心之美"的善美文化是教育本质的追求。"美"有唯美之意，崇德有礼心灵美，教育需要追求把人性培养得更美好，指引孩子追求幸福，而丰富完美的人生教育离不开审美教育。善美相行是指能够引导学生在生活与学习中明辨是非，善于发现生活中的真善美，在生活中践行真善美。"随风潜入夜，润物细无声"，为了达到善美相行的教学目标，我在课堂上通过引导学生看道德先进人物的故事，悟身边优秀人物的优秀品德，践行优秀品德，从而践行生活中的真善美，做到知行合一，成为社会主义的合格公民。

（三）他人眼中的我——善解人意巧育人，美丽优雅领头羊

善解人意巧育人——2015届毕业生，全市中考状元刘铭羽评价

对于我和我们班的同学来说，秀姐（李红秀老师）是完美的，完美到无可挑剔！秀姐的闪光点在于她对学生的关心，对学生学业的谨慎、重视！中考前夕，我被压力压得喘不过气，在崩溃边缘，甚至上课也恍恍惚惚，哭着对老师发脾气。其他老师都没有察觉或者忽视了我，但是秀姐没有，放学时秀姐找到了我。她坐在我旁边，用慈母一样温柔的语气排解我的苦闷。夏季的燥热使课室闷得像一个烤炉，但秀姐吐出的每个字都好像舒服清爽的凉风，将我包围。啊！那一瞬间，我释怀了，一切的愁苦都烟消云散了……你见过哪个不是班主任的副科老师下了班也会在晚自习的时候来为学生解疑吗？有哪个老师会在中考前细心地写好一张张祝福与鼓励的字条交给学生吗？放学铃响后，还会有老师针对学生情况一个一个地制订计划、详细指导吗？如果把这种老师称作师贤的话，毫不夸张地说，秀姐无论如何也躲不过这个荣誉了！秀姐的教学也是有一套的。即使只给她一本知识提纲，她也能讲解、教导得出神入化，便于我们记忆，令人入迷。思维导图、判断改错题、考试技巧的归纳（这个简直神了）、经典题目的改编等，秀姐将最枯燥的政治课总复习教出了新花样，是实用的花样。没有你记不到，只有你做得到（对做题）！秀姐的解释也是一绝！你还在钻牛角尖吗？你还不理解题目吗？你还抓不住题目重点吗？只要寥寥几句，秀姐便会让你心服口服。秀姐的亮点还有好多……这就是我对秀姐的评价，真实到没有一字虚假！秀姐就

是如此完美！

美丽优雅领头羊——学校优秀青年老师焦立梅评价

我很有幸能与李红秀老师成为同事，并与之并肩作战三届中考。她一直是值得我们尊敬的老师，不仅因为她温柔的外表、美丽的容颜，更是因为她在教学中、工作中的热心、用心、巧心，使我们深深佩服。

她在生活中是一位知心的大姐姐，经常为我们排忧解难，我们亲切地称她为秀姐。工作中，她在平凡的工作岗位上做出了不平凡的业绩，她是我们科组的领头羊，更是学校第一位评到高级的民办教师；她严于律己，凡事都走在最前列，专业上独树一帜，具有丰富的中考备考经验；科研方面硕果累累，对于年轻教师，她更是不遗余力地传帮带，帮助很多年轻教师也包括我站稳了讲台。她是一面旗帜，作为年轻教师，我们将以她为榜样，不断突破自我，勇往直前。她就是美丽优雅的"领头羊"。

四、育人故事——巧用数学新解，打开学生心扉

我任教八年级（5）班时，有个学生小周，个子比较矮小，上课不喜欢听讲，不是睡觉就是看小说，其他老师在对他的教育上想了很多办法，可是依然没有多大的效果。我看到网络上一些关于数学新解的故事，便决定利用这个故事来教育他。

课后，我对他说："小周，你今天上课没有睡觉，在看书，还是很爱学习的。"他笑着说："老师，你就讽刺我吧，我又没有看政治，又没有听课，还没有背书。"我一听就知道他误会了，因为他们这样的人会比较敏感，于是马上解释说："小周，你误会了。高尔基说'书是人类进步的阶梯'，培根也说过'读书给人以快乐、给人以光彩、给人以才干'，狄德罗也说过'不读书的人，思想就会停止'。你刚刚在看数学书，老师就出几道数学题考考你。"听我这样说，他很是兴奋。他不相信一个政治老师会出数学题，他马上说："好，你快出题吧。"我在一张A4纸上写下了"0+0=1，$1 \times 1=1$，0000、333555、$1 \div 100$、3322、2233、23456789、12345、5、10、1=365、1/2、1=2=3、3.5……"，然后拿给他说："请你发挥想象，说出这些数字对应的成语，并且连成一段话。"

他一看有些傻眼了，着急地说："老师，不对吧？这不是数学题，而

是语文题，我语文水平不行，你就饶了我吧，你出个计算题。"我说："这个题是考你的数学思维和语文表达能力的，你要是做出来了，有什么要求尽管提。"他一听还可以向老师提要求，就精神了，说："老师，一言为定，你不能反悔。"我一听，知道他想要挑战，可是又没有十足的把握，于是我说："好，一言为定！"我们一起拉钩，一个小小的约定就这样达成了。

他马上坐下来思考，聚精会神地拿出笔在纸上画呀画，写下了"三三两两的七八个人，一起上山去打老虎，结果是一无所有，一只也没有打到"，我一看笑了，说："不错，思路也很清晰，如果再多写出几个会更好。"他不好意思地说道："老师，我实在想不起来了。我以后听你的，上课认真听讲，尽量不看课外书。"我说："看课外书是好的，但要有所选择，要分时间和地点，上正课的时候不能看，课外的时候可以，看过以后还要进行思考。学问是相通的，语文、数学、政治也是相通的，每年的中考语文题中有很多是政治题，也有数学题，我们要善于从多角度思考。你再看这些数字，还能够新解成什么成语，我们来研究一下。0+0=1，两个0加起来就是1，本来没有，可是变成了一个1，你再想想有什么成语呢？"他说："没有变成有，那不是无中生有吗？"我说："太棒了，那0000呢？"在我的引导下，他一下说出了好多成语，连他也不相信自己能够说出这么多的成语。如"一无所有、无所事事、四大皆空、三五成群、一五一十、百里挑一、接二连三、三三两两、三心二意、七上八下、缺衣少食、屈指可数、一分为二、不三不四……"

我语重心长地对他说："小周，你在这里学习，每天的学习生活可能是一成不变的，但你不要浪费宝贵的青春，不要与同学三五成群地讲话、聊天，放纵自己，也不要三心二意、三天打鱼两天晒网，整天无所事事地玩手机。青春就是用来吃苦的，不然你三年、五年、十年后，可能会变得一无所有。由于没有学会一技之长，你有可能会变得缺衣少食，老师希望你创造奇迹，要有创新精神，能够做到无中生有，在学习生活中有所创造与发明，让自己变成屈指可数的精英，让自己成为百里挑一的佼佼者，让自己的人生不留遗憾。"

听了我的话，他沉思了一会儿，终于抬起头，用坚定的眼神看着我说："老师，我以后一定要好好学习、认真反思，不辜负您的期望。"看着他离开的背影，我笑了。

五、教学现场与反思——岂无实践者，兹焉当反思

课堂实录：《自觉维护正义》（略）

教学需要科学精神，更需要宗教情怀，我们自觉地超越功利，明明知道教育不是万能的，但我们还是要尽量做到"仰不愧于天，俯不怍于人"。"最难的事情不是改变社会，而是改变自己。"把自己的课上成自己想要的美好的样子，这便是我们存在的意义。我用王开岭的一段话来描述我们每天劳作的课堂："你是什么，道德与法治就是什么；你有多大，道德与法治就有多大；你有多美，道德与法治即有多美。"

我的父亲

不知不觉间，父亲已走了三年多，我一直说要写写您，可写了四五年还没有写成，心中涌出极深的愧意。亲爱的父亲，请您原谅我。

我的父亲，一个老实、善良，把自己的一生都奉献给了乡村教育而任劳任怨的好人；我的父亲，您一辈子没有与人结仇，也没有与他人发生过口角，一生都没有骂过我，也没有打过我，在我的印象中，世上再难找到像您这样的好人。

您的一生，是可以很精彩的，可是由于命运的捉弄，您过的却是平凡的日子。您的父亲也就是我的爷爷，有四兄弟，其他的三个都有自己的子女，只有大爷爷是没有自己的子女的。在农村，没有生养孩子是很可怜的，也会被人看不起，于是爷爷就把父亲过继给大爷爷做儿子。虽然是说给他做儿子，可是由于当时的条件，又没有领养机构，因此也没有办理领养手续，吃住还在爷爷家，只是读书时大爷爷会给点学费，但是在那个时候，钱也是不多的。父亲读初中要到赤石中学，也就是现在的宜章七中，也是我读初中的地方，要走四十多里山路，月假时下午放学后到家都是七八点钟，而我们村又没有人跟您一起到那个学校读书，因此，您常常是一个人走夜路，其中的恐惧可想而知。

但就是因为只有名义上的继子关系，父亲的美好前程从此蒙上了阴影。初中毕业后，去参加飞行员的招聘，很顺利地完成了体检，其他条件也都符合要求，只等去做飞行员了。当时家里也很高兴，山沟沟要飞出金凤凰了，可是没有高兴多久，不好的消息就传来了，飞行员的资格被取消了，因为政治审核没有通过，原因是出身不好。因为我大爷爷曾经被国民党抓住做过壮丁，但被传言是当过土匪，因此，作为他的儿子，是不能做新中国的飞行员的，于是您的飞行员梦就这样破灭了。您告诉我，做个平凡的人很好，平凡人也可以做不平凡的事。

好在命运之神没有抛弃父亲，当时招民办教师，初中毕业的父亲就当上了村里的民办教师，在我们村的小学教书。在当时挣工分的年代，做一个民办老师所挣的工分比一个青壮年劳动力挣的要多一点，在当时地位也是比较高的了。父亲还是个帅小伙，当时在村里是很多姑娘心仪的对象，许多姑娘家都来提亲。可是当了解到我的奶奶脾气有些不太好时，很多优秀的姑娘虽然心仪父亲，但是考虑到婆媳关系，就都打了退堂鼓。后来我母亲的姑姑，也就是我的姑婆嫁到我们村后，就把我的母亲介绍给了我父亲。姑婆跟我母亲说，这个人老实可靠，跟他过日子不会错，于是我母亲义无反顾地嫁给了我的父亲，她选择相信我的父亲。

嫁给我父亲后，父亲对母亲很好，特别是他的脾气出奇地好，从来没有骂过母亲，更不用说动手。在那个重男轻女的年代，女性的地位不太高，但他却愿意顺从母亲，母亲说一，他不说二。父亲是个修养极好的人，也许是为了感激她嫁给了他，而许她一世安好，许她当时的心甘情愿。这也许就是当时的爱情，没有丰富的物质，只有纯纯的爱。

父亲虽然在农村教书，可是学校离我们家非常近，因此，下课后他仍要做很多的体力活，从早到晚都没有多少时间休息。

我家一共两姐妹，我和妹妹。我从小体弱多病，营养不良。每天要从早忙到晚，一天只能吃两餐，还吃不饱，早上吃早餐后就到山上去砍柴挣工分，然后等到下午四五点钟才能回家，到七八点才能吃晚餐，中间很饿就吃一两个红薯充饥。后来，母亲又怀孕了，可是以前做过赤脚医生的人告诉父亲，母亲的胎位不正，要他带母亲去乡医院或者镇医院检查，把胎位调正，否则有可能难产。但是由于我们家地处大山交通不便，要去那里做检查得走二十多里路，或者是请人用最原始的竹轿抬去，便没有去检查。

事实很快就证明那个医生的话是正确的，由于胎位不正，母亲难产，在家里生了一天一夜也没生下来，最后还是请人用竹轿把母亲抬到了几十里外的镇医院，进行了剖宫产手术。母亲说她到医院门口还能感觉到孩子在动，到医院后就不行了。医生问父亲是救大人还是救小孩，不知道经过了怎样痛苦的决定，父亲说救大人，母亲现在还怪他没有说大人孩子都要救。做完手术后，弟弟就不行了，母亲哭了很久，我那个弟弟由于长时间缺氧，离开了爱他的亲人。母亲说起这事，依然悲伤不已、泣不成声。但父亲告诉我，他依然爱我们，爱我们这个家，爱母亲。有母亲和父亲的家，才是完整的家。

父亲在1984年终于转正，从民办教师变成了公办教师，他工作也更加认真了。除了在工作上认真，家里家外也是一把好手，没有一样是不行的。父亲用行动告诉我要做一个孝敬父母的人，爱自己的子女、爱人，更要孝敬父母，善待他们。

父亲的身体在2000年6月出现了问题，去医院检查发现是肝病。医生让他住院，没想到住院后一星期就变成了肝腹水，母亲听别人说有一个草药郎中治好了他们认识的一个肝腹水病人，就把父亲接回了家。不认识字的母亲凭着自己的一张嘴找到了那个陌生的地方，找到那个郎中，不承想他正好是父亲的学生。父亲只吃了那个郎中开的三剂药，把腹水全部排干净了，后来又拿了三剂药进行巩固，腹水是治好了，但肝病还是没有好。他没有上班，请假在家。他告诉我，赠人玫瑰，手有余香，他教的学生救了他，所以我们一定要与人为善。

到了2016年7月的一天，母亲说父亲不太舒服，就去医院检查了一下身体。当时妹妹也去了，医生没有把报告给父亲看，而是告诉了妹妹，说是肝癌。妹妹告诉我时，我惊呆了，仿佛天都要塌下来了。不过还好是早期，我们担心他的精神会崩溃，就把报告中的恶性两个字改成了良性，再告诉父亲，他还挺开心的。医生建议他去郴州中医院做放疗，他也从来没有叫过一声痛，而是坚强地与病魔做斗争。

在郴州住了两个月左右院，肿瘤变小了。在2017年的国庆，我和爱人带他去资兴游玩，他跟我说右边腹部上边有些痛，我听了有一种不祥的预感，肯定是他的病复发了。第二天我们也没有了游玩的心情，就带着父亲去检查。检查时，发现肿瘤长得很大了，我明白这次他是在劫难逃了，医生也跟我们交了底，估计熬不到过年了。每次看到他那么难受，我都是肝肠寸断，又只能强忍痛苦，不能让他看出来，只有陪他说话，帮他按摩，剪手指和脚指甲，多与他相处，不愿意离开他。他每次都让我安心工作，不要挂念他，他用行动告诉我，要做一个敬业的人。

历经两年，病魔终究没有放过一生辛劳、扎根乡村教育，于家负责、于

有思——成为更好的自己

儿女慈爱、于病魔勇敢、于学生无私的我最亲爱的父亲。

　　父亲，愿天堂没有疾病，如果有来生，我还愿意做您的女儿。我会继承您的优点，也会牢记您的嘱托与教诲，做一个您愿意看到的优秀的人，一个于家于国都有益的人。

学有
——让我不断进步

无憾未来，做最好的自己

——参观广州大学附属中学有感

2017年7月16日下午2点10分，我们在广州第二师范学院门口集中坐车去广州大学附属中学听讲座，做讲座的是广州大学附属中学的邓校长。

首先看了广州大学附属中学的宣传片。片中介绍了学校的发展简史：1948年5月由罗荣桓的夫人林月琴在东北创办；介绍了学校的办学使命和文化追求，即培养身心健康和品德优良的人，校训是"做最好的自己"。我最喜欢的就是这句话，因为做最好的自己，把自己的长处发挥到极致，就是最大的成功了。学校的办学理念是以生为本、与时俱进，培养面向未来的人才，办学方向的思想源泉中的伦理观是"高度尊重学生"，行为观是"全面依靠学生"，价值观是"以人为本"。为了培养优秀的人才，设立了三种勋章：第一种是"八一勋章"，是颁发给为学校争光而在全国竞赛中获得一等奖或以上的学生。第二种是"黄华路勋章"，是颁发给在省级竞赛中获得一等奖的学生。第三种是"校长勋章"，是颁发给在市级竞赛中获得一等奖的学生，获得这个奖项的学生很多，都由校长亲自颁发。学校还成立了"爱心基金会"，由学生自主管理，学生可以售卖自己的作品，不论是艺术作品还是其他作品，只要是自己制作完成的都可以。这样可以激发学生的积极性和创造性，学生能够做的尽量让他们自己去做，也可以提高学生的管理能力。

为了让学生更好地发展，学校打造了多元化发展平台，让每一个有潜质的学生都得到提升。第一是开设各种社会团体，学校的社会团体多达70个。第二是开设选修课，以弥补当前学校教育的不足，共开设了几十种选修课，学生可以选择自己喜欢的课程，从而让学生成长为全面、可塑性强的人。第三是开展分层教学，尽量做到因材施教。第四是开展多元的文体活动，以张扬学生的创造力。

有人问，什么样的学校是好学校？是尖子生多的学校吗？显然不是，尖子生是万里挑一选拔出来的，把这样的学生教好不是教师的功劳，也不代表学校的成功。有人说是校园漂亮的学校吗？其实也不是，因为那是用钱堆出来的，那是用强大的经济后盾做支撑的。有文化的学校才是好的学校，因为好的校园文化才是学校最大的竞争力。

这所学校的教师专业成长的发展模式是"三立式"，"三立"是指"立德、立业和立名"。"立德"就是通过抓学习、树典型、促评比、多渠道地帮助教师实现目标。"立业"是通过"七个一工程"来实现的，即是"一心进修、一生规划、一轮磨课、一个创新课例、一日反思、一项研究、一个选修课"。"立名"是通过名师强校战略，分级教师培养工程来实施的。要通过三步实现：新教师毕业1~3年，叫作"园丁工程"，采取师徒制度；3~8年，是对青年骨干教师的培养，采取的是选拔制，多观摩名师教学；8年以后，是培养专家型的教师，就是以校本培训为主体，采用理论和实践相结合的原则进行培养。

学校和教师都有很强的科研意识，也取得了很大的成绩。学校还要求每位学生毕业时"学会一门乐器，掌握一项体育运动"，因为好的身体和爱好才是支撑人走下去的动力。教师要做到的是每节课都要让学生发出一到两次笑声，要蹲下来与学生对话，多倾听学生的声音。最具特色的是他们的国防班，2012年开设了"首届国防班高中教育"，开设"讲武堂"，进行国防知识的讲座，与军队建立合作机制，坚持铸魂育人，注重与新闻媒体的沟通。他们还开设了国际班，在2016年，95%的学生被全美排名前50名的大学录取。学校取得那么好的成绩，还是取决于优秀的活动育人理念，通过开展多元的文化教育，学生在喜闻乐见的各种活动中养成良好的品质。如八大传统节日，即体育节、艺术节、科技节、语言文化节、英语节、数学节、书香阅读节和狂欢节，通过几大主题"语言戏剧、成人礼、百日誓师、毕业典礼、高考中考加油站"等开展活动。一坛一师活动，即"名师大讲坛和讲武堂"。还有广附好声音，把校园十大歌手请到星海学院录制磁带和唱片到校园播放，增强学生的自信心，发挥学生特长，让他们做最好的自己。他们还开设了学校的学生文化创客空间，用烧脑活动来拓展学生的思维。

此外，还有广附时光，设立了小咖啡屋，其中的咖啡都是由学生自己调制的，真正锻炼了学生的管理能力。学校管理制度也很严格，每个学生每学期有10分，扣完5分老师就约家长谈话，扣完8分校长就要约家长谈心，扣完10分就开除。当然，学校不仅有严格的管理制度，还有更为人性的三情教育，即对学生进行亲情、友情和爱情的教育，做到宽严相济、理德合一。

最后，邓校长说到他们要依心而行，无憾于未来，选择适合自己的就是最好的。

幽默、独特、新奇

——听刘良华教授的基于核心素养的课程改革有感

2017年7月13日，学习的第四天，上午进行了期中考核，下午还有一场讲座，是华东师范大学课程与教学研究所的刘良华教授。刘教授是个聪明的人，虽然相貌一般，但是"聪明绝顶"。

一开场，我们就忍不住开心地笑了，他要求我们开会听讲座都要往前排坐。他说，喜欢坐后面的一看就是"鬼鬼的"，坐前三排的一看就是"天真无邪"的，后面的人听到他这样说就往前坐，他就说他们是"痛改前非"了。这个开场白能够很好地调动气氛，也拉近了听课人与讲座人之间的距离。

接下来，他就开始讲座了。讲座的内容是基于核心素养的课程改革。他说，社会变革与核心素养的变化，不同的社会需要不同的人才，乱世中需要的是刚性气质的人才；太平世需要的是柔性气质的人才；升平世（小康社会）需要双性气质的人才，就是男生要有女生的气质，女生要有男生的气质，否则就难成大事，要做到阴阳平衡、刚柔相济、阴阳当位。

他还告诉我们应该如何听课，也就是要做词语的收藏者，记住关键词，把词语变成有意义的牧人，不断地用这些成语造句。

刘教授先讲了乱世与现实主义教育。在乱世中，他们的课程改革是军事、劳动与法制。军事教育就是我们所说的体育，法制教育就是我们所说的德育。太平世的新课程是博雅、审美与情感。我们要用体育培养精英，还要用审美培养精英，此外，我们也要有忧患意识，因为生于忧患，死于安乐。

当今中国存在一些问题，因此，我们的教育要走向刚柔相济的"新六艺"教育，要文武双全、劳逸结合、通情达理，即"德、智、体、美、劳、

有学——让我不断进步

情"全面发展。

不同的社会有不同的课程，不同的家庭有不同的教育。贫困社会应该是体育+劳动+德育（法治），贫困家庭侧重于理工科，即应试教育；发达社会应该是智育+美育+情感，小康家庭侧重于文武，实施的是素质教育。小康社会应该是文武+劳逸+情理，贵族家庭侧重于文科，实施精英教育或艺术教育。那么，我们的社会也应该有新的课程和教育，那就是"文武双全、劳逸结合、通情达理"。而对于如何学习我们的课程，刘教授也有不同的观点，就是要用"整体学习"，如语文整体学习就是"整体阅读—复述模仿"等。而对于整体学习来说，"适度超前：预习比复习更重要；适度封闭：从生活世界到符号世界"。还提到了有些超前的"兴发教学"，即用兴趣引发学生的自主学习。第一，用赏识与严厉，进行职业规划教育。赏识他是为了给他提出更多的任务，当然这个任务需要是他的专长。第二，意志教育，用体育培养精英。因为健康的精神寓于健康的身体当中。第三，自学辅导，从他人兴发走向自我兴发，让他学会自学。

当然，要培养学生的核心素养，也离不开家庭教育。《科尔曼报告》中提出的观点是："影响孩子成绩的主要因素不是学校而是家庭，如果你的孩子在家里养成了坏身体、坏性格、坏习惯，那么，无论学校的校长和老师多么有能力，他们都改变不了你的孩子在学校成为差生的命运。"

也就是说，核心素养包括"性格好、身体好、习惯好"。

刘教授还提出了"关键年龄与关键教育"的理念。

3岁前后：母亲的宽松教育。这个阶段孩子的三个关键教育是语感+情感+感觉。

3至9岁前后：父亲的严厉教育。父亲的作用越来越重要，三个"父亲的课程"，即自食其力+自我情绪管理+自学。

13岁前后：宽松—严厉—民主，多做事，少说话，多运动，多劳动，多户外活动。如何改掉13岁前后的孩子身上的坏毛病？运动治疗+劳动治疗+作品治疗。

要想尽一切办法让学生身体好、学习好、情感好。

听完这个讲座，我很开心，主要是有新的观点的生成，也有对于以后教学的新思考，我一定会朝着自己的目标前进，不浪费生命，做最好的自己。

反思+学习，离优秀更近

回顾在"省百千万"名教师培养对象的一年培训时，感触很深，收获很多。通过外出学习、专家指导、同伴互助、示范带学、教学实践，我在教学教研上也不断努力，撰写教学稿件并进行了六次修改，还积极参与省、市课题的主持与研究。两篇论文发表在全国中文核心期刊《中学政治教学参考》上，撰写的优秀教学设计一篇获得省级一等奖，一篇获得省级三等奖，制作的课件"维护友谊"获得了市三等奖，在全校的年度评优中获得了总评优秀和四个单项优秀，深受学生的喜爱。但是，在接受专家考核的过程中，在与优秀学员的比较中，我明白自己与优秀还存在较大的差距，我要不断地反思、学习，相信最终会离优秀更近的。

这次考核的优秀学员各有特点，第一个出场的是语文学科的周华章老师，他是江门市蓬江区教学研究室的教研员，他汇报的题目是"搭乘名师工程快车　加速个人专业发展"。他认为：教师职业道德的重要标尺之一是努力提升个人的业务素养，舍此不可能有真正的"爱岗敬业"。教师要真正成长、发展，务必要以我为本，立足岗位工作实际，在钻研中品尝专业工作的乐趣。还要借助名师指路和团队协作，珍惜每一次机会，积极地借鉴外在有利因素。做优秀的教师应先做个好人，继而才是优秀教师，进而才是称职的教研员。他一年就发表了十一篇教学论文，无人能够与之相比。他还在示范带学专题讲座方面有很大的成绩，各种专题讲座都能讲，发挥了示范辐射作用。

第二位是珠海市南屏曾正中学的谢燕玫老师，她发言的主题是"从一无所有到'百千万'"。她成立了自己的名教师工作室，详细介绍了这一年中她的学习历程，把小组中每位教师的特色都进行了分享。她提道："教师发展了，学生才更受益；让每位教师做最好的自己，我们感受教书育人是一件向善向上的乐事；我们要成人之美，成己之善，不忘初心，耕耘并收获着，因为有梦想，所以才会有鹤发童颜！心中有追求，才不至于虚度光阴！路虽远，行则将至；事虽难，做则必成；佛不度我自度，不为彼岸只为海，只要坚持初心，一定能走到教学生涯的金海岸。"

第三位是深圳元平特殊教育学校的陈丽江老师，她用轻松愉快的方式介绍这一年的成长，用"一书一室很满意，两文两证有欣喜，三题四讲五激励，师生成长更欢喜"来总结。她成立的工作室是目前深圳市唯一的特殊教育市级名教师工作室。让我们佩服的是她已经写了一本专著，而且她也是我们这一批学员中第一个写出专著的老师。

第四位是广东省实验中学的胡金兰老师，她在可以放松休息的时候，选择了继续努力前行。她做的汇报题目是"一年一年地继续向前"。她详细地介绍了她的课题"应用SOLO提升学生思想品德学科能力的实践与思考"，在我还不知道SOLO是什么的时候，她已经把这个时髦的词语做了课题，真正做到了与时俱进。另外，她还组织科组教师进行校本教材的编写，她组织编写的《幸福咖啡屋》已经初具雏形，并且得到了专家教师的肯定与指导，即将出版。胡老师在校本教材的编写上也是值得我学习的。她还说道："路曼曼其修远兮，吾将上下而求索，要勇于在教学理念上做改变，敢于尝试，积极学习；学以致用，知行合一；坚持做自己感兴趣的事，希望对学生的终身发展做出贡献。"

第五位是东莞外国语学校的张华老师，她汇报的题目是"天道酬勤"，主要介绍了她的工作业绩。她从八个方面进行了汇报：①教育教学工作，她推行"小组合作学习"模式，构建优质、高效的课堂教学；鼓励学生"做中学"，朝着"教得有效，学得愉快，考得满意，用得自如"的目标稳步迈进。②加强校本课程建设。③主动进行赛课。为向优秀同行学习，促进专业发展，多次参加了各级各类赛课并获奖。④积极撰写论文。⑤参与国家级和省级课题研究。⑥进行资源共享。东莞化学教研网是同行们交流的一个大平台，她主动共享自己原创或收集的优课资源共100多节，为推动化学教学资源的"共建、交流、共享"起了带头示范作用。⑦发挥引领作用，主动承担了省、市、校、区各级公开课11节，讲座8场，并获评东莞市名教师工作室主持人，组建了东莞市张华名师工作室。工作室以课题研究为载体，通过团队的研究实践，积极传播教育理念，发挥引领作用，履行名教师工作室的职责。⑧示范带学，高质量地完成了项目组组织的各种示范带学。她的目标是做"有温度有力量的化学"，更有人情味地帮助学生建立最重要的学习内动力，同时让学生获得良好的学习效益。更进一步，化学学习中感染人心的温度，也将孵化出一批又一批热爱化学、欣赏化学之美、乐于用化学知识创造未来的人才。她提倡的教学理念是："一棵树摇动另一棵树，一朵云推动另一朵云，一个灵魂唤醒另一个灵魂。"

第六位是深圳的裴玲云老师，她发言的题目是"阳光下前行——做温暖而有力量的体育人"。她获得的荣誉有：中学高级教师职称，广东省新一轮百千万人才工程名师培养人，广东省"南粤优秀教师"，深圳市体育学科兼职教研员，深圳市名师工程"名教师"，深圳市名教师工作室主持人，南山区首批十大"精英教师"，南山区中小学体育骨干教师培训班导师，全国教学课比赛一等奖，广东省录像课比赛特等奖，南山区"挂牌教师""卓越教师"等称号，广东省首届和第三届中小学体育教师综合技能大赛一等奖，深圳市首届和第四届中小学体育教师综合技能大赛一等奖。她主要用以下词语进行了汇报："示范、引领、辐射、责任、使命、担当"，对一年的培训进行简单的总结："积极参训从未缺席；认真学习主动实践；榜样示范辐射引领；及时总结反思提升"。听讲座12次，听评课36节，上示范课4节，开讲座2次，文字总结近1.2万字，誓要做一个"仰望星空、脚踏实地；怀揣梦想阳光前行"的教育人。

他们的汇报让我感到深深的震撼，我深知自己要做的工作还很多，还要在以下方面努力成长：在课题研究方面，要请专家进行指导，不要盲目开展；在引领辐射方面，要与兄弟学校进行合作，多进行示范带学和专题讲座；在教学方面，不断进行改革，提高课堂效率；在教学反思方面，多写教学反思；在校本课程开发方面，多参与校本教材的编写；等等。

通过这一次年度考核汇报的学习，我也立志要做一个"脚踏实地、怀揣梦想"的教育人，我相信"天道酬勤"，只要我不断地反思和学习，相信我一定会离优秀更近！

有学——让我不断进步

示范带学，受益匪浅

2016年4月17日到20日，广东省新一轮百千万名教师培养对象接到要去示范带学支教的任务通知，于是我们一行15人来到了广东省韶关乐昌市的梅花中学和关春中学进行示范带学活动。

这所学校原来是个矿区学校，属于市直学校，后来企业关停，矿区职工都离开了，他们的孩子也跟着离开了，但是老师们留了下来，继续教关春村的孩子。学校共有470多名学生，从一年级到九年级，开展小班教学，20～30人一个班。全校有大约50位教师，共16个班，无音乐、美术老师，70%以上的学生都是留守儿童。学校的杨副校长正在做有关留守儿童的课题，正在编写相关的校本教材，这也被列为韶关的重点课题。

接下来，我们准备熟悉校园，第二节要听课，是听跟我们一起来的吕老师讲的数学课。他上的是传统课，没有多媒体，只用最原始的教学方式——一块黑板和一支粉笔。名教师示范观摩课由吕进智老师的九年级数学复习课"函数"拉开了序幕。在课堂中，吕老师采用换位思考教学方法、启发式教学方法等，引导学生思考问题，掌握函数的考点，取得了较好的课堂效果。第三节课是来自东莞中学的肖小亮老师做"智慧生物学，学生物智慧——'小实验大道理'"的生物专题讲座，整堂课不仅具有知识性，而且具有趣味性、哲理性。学生在轻松愉快的学习氛围中，不仅学到了生物知识，还懂得了人生的大道理。

下午是我的课。我上的是"孝敬父母"，是北师大版七年级下册第五课的内容。我想采取小组合作学习的形式，但是我考虑到这里的学生从来没有采用过这样的方式，一下子适应不了，而且我也不太了解他们的学情，最终还是放弃了这个计划。

上课了，我先进行自我介绍，以拉近与学生之间的距离，接下来，我通过三个活动来完成当天的课。

活动一：解烦恼，越代沟。以中学生小方为主人公，设计了他碰到的烦恼，让大家为他解决发生在他身上的这些烦恼。活动二：看榜样，要行动。观看"最美孝心少年"的事迹视频。出示两个问题：①你认为他们身上有哪些优秀品德？②结合自身实际，说说你打算如何孝敬父母。通过学生讨论、老师归纳补充，得出孝敬父母的具体做法。活动三：写贺卡，表心意。古往今来，人们用不同的方式表达着亲情，表达着对父母和长辈的尊敬，有的人写下了被人们广为传诵的名句，特别是"母亲节""父亲节"的创立，更是人们对父母感恩的明证。然后设计了三个问题：①我们学过不少表现亲情、孝敬的诗句和名言，你能说出一些吗？②你知道"父亲节""母亲节"的时间吗？在孝敬父母的歌声中回答第三问。③请与母亲发生误解的同学，或者是想要表达对母亲的爱的同学，在母亲节来临之际，做一张贺卡或者编写一则信息发送给你的母亲，以表达对她的爱与感恩。

由于没有把握好时间，在学生听完歌曲后就打了下课铃，没有完成情感升华中的写信息、表心意环节，在情感升华方面打了折扣，让我感到有些遗憾。

接下来的几天中，我们听了陈宝莲老师讲的八年级物理第十章第一节"浮力"，她将传统教学与多媒体教学以及实验教学结合起来，既传授了知识，又提高了学生的实验能力。李冬梅老师奉献了别具一格的美术课，启发学生要善于发现身边的美，要用独特的思维去创作美术作品。欧娟老师上了一节精彩的英语示范课，她运用竞赛的教学方法，用充满激情的语言，激发学生的兴趣，活跃课堂氛围，机智灵活的教学手段，高超的课堂驾驭能力，给听课教师以深刻的启迪。梁辉晖老师为听课教师举办了非常实用的信息技术讲座——"微课的制作"，他非常耐心地教会了每位老师制作录屏微课。

示范带学，不仅是送教给农村中学，让农村中学的老师受益，也让我收获颇多。示范带学，受益匪浅。

师德润泽，智慧成长

——听"教师教育智慧与专业成长"有感

2017年7月9日，是期中考核和高端研修的第一天，今天9点才上课，我们早早地来到了广州第二师范学院。

来到这里，才发现自己的渺小。我们初中文科加理科教师共有48人，他们每个人都深藏不露，都有自己的厉害与独特之处，有很多是有自己的省级、市级、区级工作室的，有的是特级教师，有的是省级、市级名教师，还有一个是2016年通过的正高级教师，还有的是出了几本著作的……他们基本上都是学校的中层领导或者地市教研员，个个都是大师级的人物，而我就是一粒不起眼的小豆子。还是这片土地，还是那池荷花，还是那么碧绿，点缀些星星点点的红色花朵，也许是过了花期，还真有些开过了就要谢的感觉，真是"年年岁岁花相似，岁岁年年人不同"。但是通过这个平台，我进步不小，我不再是原来的我，我是上进的、爱学习的，我要向优秀的教师和同学学习。

上午听的是广东省第二师范学院副院长熊焰教授的讲座，题目是"教师教育智慧与专业成长"。她是一位50多岁的自信、忙碌、多才、有气质的女教授，她面色白皙，戴着一副黑色的眼镜，编了一个辫子，放在一侧，化了淡淡的妆，是很会打扮的女性，岁月在她的脸上没有留下过多的痕迹。

开始上课了，首先她进行了自我介绍。她说用一个时尚的词语来介绍，她就是一个"资深美女"，我们也为她的大胆与自信鼓掌，真的是"自信的女人是美丽的"。

她说："世界上唯一不变的就是变化，对于一个成功者来说，最可怕的就是过去的经验。是呀，我们都认为自己不用努力了，不用改变了，观念不变，教学方式手段不变，以为这样就是最好的，殊不知，在大数据时代，你不学习就会被淘汰，因此要不断地创新，不拘泥于自己已有的经验。"

作为教育智慧，我们要有以下四个方面。第一是要有能力，就是要有做事的本事，有管理学生的本事，要让自己的课堂变得优秀，让学生能够上课不瞌睡。第二是要有处理好关系的能力，就是能够与别人友好相处。"成熟的稻子是低下头的"，我们为人要低调、要谦逊，"真正的善良是你的存在不让别人不安心、不开心"。第三是要有自尊，要看重自己。第四是要有成就，也就是有好的结果，虽然伤心总是难免的，但我们还必须一往情深，选择了教师这个职业，就是选择了坚持。

当然，从事教师这个职业一定会产生倦怠感，但是我们要想办法在无趣的时代过得有趣。第一是要有梦想。人活着就是要有念想，只要有梦想，不断努力，就有实现的可能。第二是要做好自己的工作。上课时要多关注我们的学生，努力做好教学与教研工作。第三是职场要聚焦。我们要成就自己、成全别人，也要推动学校的发展。第四是要有爱好。人活在世界上，一定要有自己的爱好，这样活着才有意思，教书也可以当作享受。我们要学会寻找新鲜点，做到劳逸结合，把工作当作享受，这样就可以让我们在无情的时代深情地活着。

教师的教育智慧不是与生俱来的，而是要在后天的学习中培养的。要有教育智慧，首先就要有专业精神。从课程方面讲，就是要吃透教材、补充教材、更新教材，不要让教材变得可恶而是可爱。要在教学方面努力，要传道、授业、解惑，要有智慧，就是要让学生敬畏，让学生喜欢，要有自己的威信。我们要学会主动与学生交往，要改变自己的教育方式并传播自己的教育理念，要有积极乐观的心态，要宽容他人并且赏识他人，要知道，"人要成功，第一条就是要学会宽容与赏识他人，会赏识他人才能被他人赏识"。要学会不断创新，要有自己的兴趣爱好和特长，这样，学生才会真正地喜欢我们。"教书要教知识的来龙去脉，不能是掐头去尾教中间，我们要让知识变得有温度，要知道边缘知识比核心知识更重要。"因此，我们要广泛阅读，提高自身的核心素养。同时我们不要太较真，而是要与学生面对面地谈话，肩并肩地交流，这样他们才会相信。

其次，要做好学生的管理工作，要让他们性格好、身体好、学习好。还要做好家校合作，鼓励家长多陪伴孩子，了解孩子的优势，为孩子的关键年龄提供关键的教育，"只有家长好好学习，孩子才能天天向上"。每个优秀孩子的成长都离不开优秀的家长教育，这一点我深有体会。

教师的快乐在于立功、立德、立言，快乐教师的境界是做自己感兴趣的事情，有情趣感才能爱与被爱，才能过得有希望。当然，教师要真正做到专业成长，一定要学习，要读书、读人、读图。要行动、要参与、要改进、要思考、要发表。要有生活情趣、有兴趣、有爱、有创新。

"听君一席话，胜读十年书"，熊教授用生动幽默的语言赢得了我们的阵阵掌声。是的，她也是我学习的榜样，她的一些观点会对我以后的生活和教学产生较大的影响。总之，我们要让自己成为自己生命中的主角，转换思维，让自己的明天拥有不一样的一片天。

好风凭借力，送我上青云

——李红秀工作室南通学习汇报

2019年4月21日到26日，由韶关学院教师发展中心组织的"广东省2019年中小学幼儿园（含中职）名教师、名园（校）长工作室主持人团队专项研修班"来到了美丽的江苏南通进行研修学习。

在这几天中，我们一共聆听了七场讲座，分别是全国名教师工作室研究专家、通州区教育局副局长郭志明教授的"诗意行走，成长如歌——名教师工作室让优秀教师走向卓越"专题讲座；南通师范第二附属小学朱丽校长的"情境教育——指向儿童一生的成长"专题讲座；通州区育才中学的特级和正高级教师丁卫军的"走向真实：简约语文的写作教学表达""好风借力上青云——工作室建设资源的开发与利用"和"教学主张：从优秀走向卓越的生长点"三场讲座，还有南通市名教师培养对象吴建老师的"做研究型的'思政'老师"和"初中思想品德'悟学课堂'的建构与实践研究"。听了三节公开课并参加了一个工作室的读书交流会，这次活动真是收获满满，对我教学主张的再次修改提供了指导，也为我今后的教学指明了方向。对于这次学习，主要从以下几个方面进行汇报。

一、工作室建设有方向

郭教授从名教师工作室发展的常态优化、名教师工作室的高品质发展、工作室团队的气质修炼三个方面阐述了工作室建设发展的方向、路径与策略。

（一）心中有目标，行动有方向

工作室建设首先要做好规划。要制定工作室三年发展规划和年度工作

有学——让我不断进步

计划、学期工作安排，个体专业发展规划与成长档案，要量身定制个人发展规划。

要建好工作室成员的个人"成长档案"。要组织工作室成员进行高端阅读与消化吸收，要阅读"根性"书籍，即有影响的教育家的专著或其他教育教学理论书籍。如《论语》《学记》《陶行知文集》《给教师的建议》《民主主义与教学》《什么是教育》等，同时"阅读以吸收为指向，不动笔墨不读书，一本书、一支笔、一张纸，一边读一边做笔记"。开展读书分享会，如"读书笔记漂流""书本内容复述""名著名句展示""读书互动报告""对我影响最大的教育箴言"等演讲活动。这些活动可以调动教师的主动性。还要创新教研形式，开展公开课、辩课与改课的活动。首先是领衔人和成员要依次执教公开课，特别是主持人应主动开放自己的课堂，多听取其他人的宝贵意见。日本教育家佐藤学说过："要改变一所学校，需要不断开展校内教研活动，让教师们敞开教室的大门，进行相互评论，除此以外，别无他法。"开展辩课活动，可以是教师在备课、上课或说课的基础上，就某一主题或教学的重点、难点和疑点等提出问题，展开辩论，或者是就某堂有争议的课进行教者与听者的辩论。要使研学、研修与教育行走三者统一，要求人人都有研学项目，可以是选自己的学科进行研学，或者用第二身份研学，也就是开展跨学科的学习，扎实开展主题研修，一项一项地研修，每搞一项都要实实在在，力求有所长进。要做到项目、课题与写作三者同步进行，争取每年都有年度的研究项目或者围绕领衔人的教学主张，确立工作室的研究课题，申报省级、市级课题并立项，有序地开展研究工作。要进行教材的个性化解读、整合与开发，把教材作为研究材料，研究作品的背景性材料，坚持"知人论世"，坚持"系统思维"，以自己的独到之见，最贴切地解读、最恰当地使用文本。

开展主题整合和学材再建构，开发教师课程，进行团队协作，将教学主张课程化。要开展送教、带徒与建团队活动，用送教、支教激发专业发展活力，如"工作室成员校园行""名师三人行校园论坛"等。一对一带徒，帮助真性成长，徒弟需要大量地听师傅的课，师傅需要指导徒弟怎样做研究，要帮助徒弟修改论文等。鼓励团队成员建设二级工作坊，可以围绕工作室领衔人的教学主张开展深度研究，也可以开展自己的专题研究。组织教师进行活动的参与、承办与研发，组织他们参加高端研讨，如参与工作室建设的研讨，参加教育的高端研讨，参与跨界跨域的研讨。同时要承办大型活动，如官方的活动和民间的活动。可以开展联合研讨活动，可以是同科工作室联合研讨，也可以是异科工作室跨界联合研讨，要让教师集体发声和展示，让他们在核心期刊发表工作社成员的作品或是在媒体平台展示自己的成果。要积极开展成长回眸、展示与导师把脉等活动，形成竞争机制，让成员在"群"中交流，让教师明白自己在做什么，取得了哪些成绩，有哪些疑惑和困难，让教师轮流进行专题展示，可以是"成长叙事"，也可以是"个人展示"。还要进行教学主张的提炼与成果梳理。概括教学主张要遵行以下原则，即：要基于儿童，有效促进学生发展；要基于学理，有科学理论作为支撑；要基于学科，有浓烈的学科特点；要基于运用，有很强的操作性；要基于亲身，源于自己的教学实践。听完郭局长的发言后，我对以后开展工作室的具体活动和流程有了更加明确的认识。

（二）专业成长有方法

教学科研的路径和方法是教学反思，要做好课堂诊断，要做好调查报告，要写专业论文，要做课题研究，还要开发校本课程。具体讲了写论文的四个方面：一是要文贵出己，要遣新词，立意见。我数据，我素材。用自己的教学课例，用自己的教育事件，用自己的调查数据。要觅"优"势，扬己"长"，找到自己的相对优势发力写作。二是要忙里偷闲。论文是"忙"出来的。工作越"忙"，往往感慨越多，灵感越多，此时操笔，往往观点深刻，"忙"给写作带来了"思想富矿"。论文是"酿"出来的。平时要带着一定的主题或问题去忙，并随时记下思维碎片，这样的忙不仅在为别人，也在为自己；论文创作也就无须占用额外的时间。论文是"挤"出来的。"阶段性"地挤点时间，把平时记下的思考碎片"趁热"整理，一篇好论文往往一挥而就。三是要有料有味。文章需要修改打磨，尤其要打磨好文章的"标题""内容提要""关键词""正文的各级标题"等，这些"点睛之笔"决定了一篇论文的"第一味道"。以文章标题为例，盖文明旨文眼晶晶，简练新雅口顺气轩。四是要循序拓展。从研究"课点"，到研究"课堂"，到研究"课程"（管理），再到研究"课题"。五是要提出问题。以问题为导向进行研究，开展"课改问题征集活动""课改问题有奖征答活动"等。最后还讲了如何进行校本课程的开发指导。现代经典的"泰勒课程原理"告诉我们，开发任何课程都必须回答四个基本问题：第一，达到什么教育目标？第二，提供什么教育体验？第三，怎样安排教育体验？第四，如何评定目标达成？

我们还跟着语文组的教师一起来到了通州区育才中学，听取了特级教师丁卫军的"好风借力上青云——工作室建设资源的开发与利用"和"教学主张：从优秀走向卓越的生长点"两个高质量的讲座，对我们启发很大。

丁老师虽然是从通州电大毕业的，但是他通过在普通学校做普通的工作，把自己变成了一个不普通的人。正如他们学校所写的："把每一件简单的事做好就是不简单，把每一件平凡的事做好就是不平凡。"

他的专业成长路径是"阅读、课堂、写作、课题、团队"，由一个人的自觉奔跑到一群人陪着你奔跑再到陪着一群人奔跑，从自生长到共生长。他强调主持人是团队的第一资源，是示范者、领跑者、提醒者和学习者。

工作室的发展要有章程和考核细则，但章程是我们行动的纲领，不是追求个性的紧箍咒；考核细则是成长道路上的相互提醒，不是前行路上的负担。而静、勤、精、进的研修共同体是教师专业快速发展的助推器。

丁老师的工作室的基本理念有四个：一是领衔人最需要的是热爱自己的专业，关键在引领；二是工作室更多的是唤醒，唤起成长的自觉；三是专业成长史不应是一部苦难史；四是工作室需要学校的支持和区域的推动。工作室的基本策略是课堂、课题、课程和外力资源、创意活动、课堂展示。高品位活动成就高质量工作室。

二、情境教学有启发

关于通过情境教学活跃道德与法治课堂的小思考：情境教育的核心元素是真、美、情、思，这和道德与法治课堂需要向学生传递"真、善、美"的价值观有异曲同工之妙。情境教育采用了图画、生活、实物、语言、表演、音乐、游戏等途径创设情境，并通过这些方式带领学生走入情境之中，在其中感悟提升，获得真正的智慧。这些丰富多彩的形式同样可用于道德与法治课堂的教学中，通过深入情境，让学生摆脱原本对道德与法治学科固有的"死板"印象，使课堂更加生活化、体验化，切实让学生从体验中获得答案，起到事半功倍的作用。南通师范第二附属小学在践行情境教学的过程中，举行了丰富多彩的校园活动。这些活动不但涉及跨学科的融会贯通，还提升了学生的品位与情感，这也是道德与法治课堂应该学习的。最让我们敬佩的是李吉林老师，一辈子就做一件事，就是教书，至今从教63年，一辈子一所学校，本来可以到更好的单位去工作，但是她始终热爱自己的职业；一辈子一个身份，就是小学语文老师。她的头衔很多，她是全国名教师、著名特级教师、儿童教育家，但她最喜欢的称呼是"长大的儿童"。一辈子为儿童奉献了自己一生的年华。她是教育大师，显风范，一生著作多（年逾八十依旧出版了3本专著，专业扎实，精神可嘉）；情怀广，数十年如一日地扎根小学语文教育，始终热爱岗位、始终热爱孩子、始终葆有童心。情境教育不但在南通师范第二附属小学得到了良好的发展，还在全国被推广并形成体系，获得了同行的认可和无数的赞誉；育人深，多年来李老师桃李满天下，为孩子们的幸福童年添砖加瓦，也为跟随她情境教育步伐的教师弟子们提供了发展的平台与机会，培养了一批批优秀的语文教育工作者。

三、底线教育有必要

　　道德与法治课教师一定要坚守"育德"使命，因为初中思想品德课程的目的是"帮助学生过积极健康的生活，做负责任的公民"。责任意识是思想品德课程的灵魂，是学生健康成长的基础，帮助学生树立责任意识，引领学生成为合格公民是思想品德课程的基本任务。我们在用责任文化教育学生的同时，其实也是在熏陶自己。作为政治教师（思品教师），我们必须牢记、反思并坚守自己的学科使命和职业使命，那就是"育德"。"育德"要有一定的"深度"。思品课程要触及的是学生的"灵魂"。用杜威的话来说，思品课程不是要学生形成"关于道德的观念"，而是要学生形成"道德观念"，用新课程的话语方式来说，"情感、态度、价值观"始终是思品课程的第一目标和最终归宿。知识目标只是一种辅助。在考试压力面前，我们能否坚守这一育德的深度，实在是一个考验。"育德"要有一定的"宽度"。思品课程要能满足学生不断拓展的生活需要，在生活领域、德育内容方面要有一定的覆盖面，要尽量减少"道德盲区"的出现。课程标准和教材的不断修订与换新就是为了解决这一问题，就是为了和学生的生活拓展联系更加紧密。然而，有时学生迫切需要的伦理指导，在书本上却难以找到，课堂上也不宜公开讨论，思品教师愿不愿与学生多做私下的心灵沟通，对教师来说也是一个考验。"育德"要有一定的"高度"。思品课程要对学生进行道德理想教育，激励学生自我超越，不断求真、向善、趋美，要引领学生向往"高标伦理"，攀登人格高地，感悟人生真谛。这方面应该说是思品课程一向最重视的，尽管高标的美德伦理、圣德伦理随着价值多元时代的到来感召力和吸引力有所下降，但可以说我们的思品课程依然在不遗余力地呐喊。思品教师在讲授这些内容的时候，有没有起码的理论自信，也是一种考验。

"育德"要筑牢"底线"。虽然有些伦理规范就是底线伦理，如尊重生命（"人命关天"）、诚实守信（"人而无信，不知其可也"）、依法行事（"法大于天"）、同情心（"无恻隐之心，非人也"），但课程标准和教材还没有严肃到要用底线伦理的角度去审视。现在社会上有些人为人处世的底线意识淡薄、底线思维缺失、底线敬畏麻木，由于底线失守而出现的"道德性弱智"等悲剧事件经常上演，这与长期以来德育课程伦理底线教育缺失这一结构性缺陷不无关系。因此，优化学生的"德"商特别重要，否则会一维绝则倾，二维绝则危，三维绝则覆，四维绝则灭。

四、名师课堂有收获

24日下午，我们听了通州区育才中学吴建老师的随堂课，这是中考前的一节专题复习课。吴老师先是展示了"赵宇案"的视频，并设计了四个问题贯穿整节课，让课堂变得简约而不简单，让学生掌握了较多的法律知识，是一节高效的中考复习课。

吴老师提出了四个问题：①社会对赵案的定案结果高度重视与关注，说明了什么？②犯罪的本质是什么？人民检察院在打击犯罪中的职责是什么？③赵案得以纠正有何积极意义？④看完本案后，有同学认为："有司法机关在，以后遇到坏人，我就勇于和他拼了"，你对这一观点怎么看？最后吴老师还出示了一道填空题，考查学生的基础知识。整节课简约而不简单，能够引导学生回归教材，从点到面进行知识的学习，吴老师法律功底扎实，值得我学习。我回去以后一定要熟读这六本教材，对于这六本教材都要绘制思维导图并记住，还要进行法律知识的补充和学习，特别是对于易混淆易错的知识一定要多去查找资料。

25日上午，我们还听取了两节高质量的语文课，两节都是八年级的课，其中一节是由潘老师上的"湖光春色两相和——游记片段的写作指导"，另一节是丁老师的《乡愁》。丁老师的课我开始时没觉得如何好，但是后来就让我十分感动与佩服。我们以前也学过这篇课文，但总觉得没有什么印象，无非是讲期盼祖国统一，通过四节诗，从小到大，从家到国，没有什么特点，但是今天丁老师的课用了化整为零和化零为整的方法，神奇地把这首诗进行了生动感人的讲解。他先是抽背学生对美文词句的掌握，而他的抽背也很特别，就是让他们面对同学而不是面对自己，这样可以培养学生的胆量，也可以让学生认真去背书。还要他们说出背诵的是哪一本书的内容，为什么要选择这一段文字，让他们既要知其然，还要知其所以然。其次是让学生上台去听写，其他学生在下面听写，然后纠正学生的错别字，这个方法能让每个学生都投入学习中去。一开课，丁老师便打出余光中的诗句"钟整个大陆的爱在一只苦瓜"，这深情的引用未成曲调先有情。接下来，丁老师拎出了四行表示时间的诗句，用省略号分行，指导学生们读这四行诗。精巧的结构、丰富的情感、渺远的时空，诗人的一生仿佛都浓缩在这"小时候……长大后……后来啊……而现在"里了。丁老师示范了一遍，让学生们感受读慢一点有什么不同。接下来的齐读，空气里就有了感动的味道。在原来的四行浓缩诗句里加了"是邮票……是船票……是坟墓……是海峡"，既拎出了意象，又不破坏诗的整体性。

　　这种无痕的引导，能让学生慢慢地走进诗的深处。指导学生读完加进去的四个物象之后，丁老师便指导学生们想象画面。不一会儿，学生们写好了，丁老师在巡视时肯定有所筛选，起来交流的几个学生选的各不相同，但同样精彩。当学生交流到第四节诗歌中"海峡"这个意象时，丁老师补充了一点当时大陆与台湾的时局和诗人创作时的情景，并追问道："如果没有第四节诗会怎么样？"学生回答是渴望祖国统一。在让学生理解坟墓那句话时，我想到了我的父亲，他在里头，我在外头，我们永远无法相见，那种悲痛的心情让我再也忍不住泪水，在听课本上写下了几百个字对他的怀念之情。这是我听过的最好的语文课，我一辈子都不会忘记这节课。

　　好课就是触及了学生灵魂的课，好课也触及了我的灵魂。这也是我的追求。

最美四月天，渝川学习行

最美四月天，2018年4月，广东省新一轮"百千万"名教师初中文、理科教师培养对象来到了重庆和成都，进行结业前的学习。

这次的学习收获很大，期间总共听了七场讲座，在重庆听了五场讲座，分别是重庆市江北区教师进修学院李大圣教授做的"教学关系变革与高质量学习"，李源田老师的"从案例与课题看名师成长之路径"，重庆市渝中区政府政协副主席谭小斌的专题讲座"非物质文化遗产与人文精神——以重庆为例"，重庆南开中学副校长肖力做的"高考的变与不变——学校课程与教学改革"，重庆沙坪坝区教师进修学院院长龚雄飞的"学本教学：新时代教学改革的趋势解析与路径分析（上）"；在成都听了两场讲座，分别是成都市锦江区教师进修学校林锐老师做的"校本研修的课程设计"，成都市锦江区易晓语文工作坊易晓老师做的"自度度人，成己成人——名师工作坊建设回顾与沉思"。

在这次的学习中共听了八节课。在重庆市第八中学听了两节语文课，一节是八年级的年轻老师张萌上的《大自然的语言》，一节是七年级的阎井顺老师上的"重章叠句，复沓而歌"修辞手法课；在重庆市第二外国语学校听了孙阳老师和张颖老师上的九年级的道德与法治复习课"富强与创新"，同样的课不同的讲授方式，特别是对习题的讲解于我有很多的启发。在成都听了三节课，在天府新区师大一中听了一位年轻漂亮、具有播音员气质的伍飒杉老师的语文课《香菱学诗》，年轻帅气、充满自信的辜蛟龙老师上的一节数学课"因式分解法——十字相乘法"；在成都石室中学青龙校区听了年轻美丽的杨杰老师的一节生物实验课"探究不同食物贮存能量的差异"，虽然都是年轻老师上的课，但是他们都有自己独特的优势和魅力，让我们可以学习。

一、 自信的人最美丽

李大圣老师，乍听名字以为是男老师，可是，见面才发现是女老师，穿着一件墨绿色的长外衣，剪着短发。我没有高看她，一边做我的抄写记录，一边听她的讲座，可是越听越发现她的不简单，才情兼备、幽默风趣、充满自信，真是人不可貌相。我也真的相信自信的女人不在于外表，而在于内心散发出来的自信与从容，在于内心的丰盈与充实。

她的讲座之所以打动我们，原因在于：第一，她能多举例。她讲的每一个原理与方法都能够举出恰到好处的事例。如在导入讲如何把不可能变成可能时，举例"重庆市政法部门是如何赢得全国政法系统知识抢答赛冠军的，重庆从来都没有拿到过奖项，更别说拿冠军了，但是后来来了一个领导，他只做了一件事，就取得了比赛的冠军。这件事是什么呢？就是要抢到题，那么如何才能抢到题呢？就是要提高摁答键的速度，并且要反复练习。就这样一个简单的调整，他们拿到了比赛的冠军"。这个故事告诉我们，一定要聪明地劳作，要系统地思考与分析。第二，充满幽默感。幽默感充盈着整场讲座内容，所有人都精神振奋、兴趣盎然、如沐春风。如果我们的课堂也能如此有效，那将是学生的幸福。

二、 课堂的高效有方法

教师要想办法提高自身的学习能力，更新教学理念，否则春蚕到死是活该，蜡炬成灰理所当然。我们要刷新自我认识，要做到苟日新，日日新。要谋求变革，就是一定要转变生产关系，课堂中的生产关系就是教学关系，生产力则是学生高质量的学习。课堂教学必须集合课程、教学、学生等要素。一位卓越的教师必须同时关注学科、课程和学生，要从知识传授转向全面育人，从传统教学转向以信息技术为背景的教学，从研究教材教法转向课程教学系统，从经验型转向基于数据与证据的教学，从关注共性转向关注个性、共性与可能性的教学，从封闭转向开放。再好的教师也应该做到以下三点：第一，基于自我经验的反思。第二，基于了解学生的研究。第三，基于对前人经验的了解。每天问自己四个问题：①什么是课程？②学校的课程体系是什么？③我们独有的学科本质是什么？④有没有研究过学科的课程标准？教学是艺术，只有将教师的教、学生的学与师生关系处理好，才有可能取得令人满意的教学效果。

三、作业的布置要精细

在成都市天府新区师大一中参观时，我们发现学校对于作业的精细布置是值得我们学习的。学校以"高效课堂，减负提质"为目标，严格控制作业量，认真研究作业题的高效与实效，并规定作业时间。

备课组严格统一教辅资料。课后作业在教材和教辅资料的习题中精选，教材上的作业在课堂上完成。严禁私用资料和私自要求学生统一购买资料或布置其他作业。严禁布置低效甚至无效的重复抄写或惩罚性抄写的作业。语、数、外、理、化备课组在集体备课时，必须认真研究作业题及作业量，统一规定作业时间，并做好记录备查。为了切实减轻学生过重的作业负担，学校要求教师多做题，布置给学生的作业，教师必须先做。学生完成作业的时间不能超过教师做题时间的三倍。学校行政人员将抽查学生作业负担过重的学科老师以及完成作业的时间情况。在月考、期中、期末考试前一天到考试结束，各学科不布置课后书面作业。考试期间更不得发套题作为课后统一完成的作业。要将课余时间还给学生，午休期间住校班按规定回宿舍休息。走读班严禁在教室进行集体辅导和讲课，住校班不得统一组织全班学生进行教学活动。晚自习上已对学生进行集体辅导和讲课的学科不再布置作业。学科老师课后要立即布置作业，并将作业时间公布在黑板公布栏上，有利于学生在课余时间完成部分作业。布置作业的老师应关注黑板公布栏内的作业时间，互相协调、互相理解，班主任则应做好适当的协调工作。住校班在晚自习时收缴作业，晚自习辅导老师可统一安排在某时间段完成同一学科作业，并在规定的时间内收缴作业。走读班要求学生在早自习时收缴作业。教学处的干事每天会不定时地检查作业时间公布情况，各年级教学行政人员也会不定时地检查本年级作业时间公布情况，并公告检查结果。备课组长每月检查一次同组教师的作业布置情况和作业量，并认真做好记录。

这样布置作业，可以真正达到减负增效的目的，学校要达成的目标是"一多一少两好"，就是学生活动多、作业少、身体好、学习好。这种理念很值得我们学习。

四、工作室的建设要制度（名教师工作坊领衔人的四种素养）

（一）感召力——以信念传递力量，以激情点燃热情

陶行知有言："余今生之唯一目的在于经由教育而非经由军事革命创造一个民主国家。""余乃深信，如无真正之公众教育，真正之民国即不能存在。"

于漪说过："我做了一辈子教师，一辈子在思考怎样做一名合格的教师，优秀的教师。"——精神相契，携手同行；同心之言，其臭如兰。

工作坊主题词：努力于为人性的教育，面向未来的教育。

工作坊指导思想：享受语文，建设语文；辐射引领，成己成人。

（二）思考力——着眼未来的目光，独立敏锐的思考

1. 思考教育意义，着眼未来发展

让每一位学生自由地呼吸，健康地成长，是我们永远的追索！

2. 思考学科建设根本性问题，关注学科发展前沿阵地

学科建设主要包括队伍建设、学科方向、人才培养、科学研究、基地建设等方面，要有国际化视野，要有开放的胸怀和多元化的视角。

3. 具备独立精神、反思品质、发现眼光

王栋生说："教师必须是有独立意志的思想者，只有这样，他对学生才能重视培育智慧，培育创造人格。教师要重视个人思考的价值，他才有可能在教育中发现问题，并寻找解决问题的途径。"名教师工作室领衔人担负着带动一个团队、引领一方教育的责任，更应该使自己的团队有立场、有方向、有方法，着眼未来，拒绝盲从，致力建设，走在一条有意义的道路上，清醒而理性，包容而独立，去蔽求真，捍卫常识，在反思中创造。

（三）学术力——丰厚的学养，突出的研究能力与学养，让我们的生命更饱满

学术力是包含学术方向、学术水平、学术研究能力、学术创新能力等在内的综合能力。身为名教师工作室的领衔人，我们应该不断提升自己的学术力，使自己在专业领域更具前瞻性、更有说服力，成为专家型教师和卓有建树的学术人才。

（四）行动力——勤恳务实地践行，一点一滴地超越

头顶蓝天，脚踏实地，瞭望四方，团队协作，优势互补，矢志不渝，内引外联，打通关节，知难而行。

1. 名教师工作室要注重团队建设

（1）学员优化：学员申请、导师考核。

考核标准：志同道合，教有余力；覆盖全区，团队互补——格局思维。

考核主题：我的教育理想和教育实践。

（2）班委负责：充分发挥骨干教师的主动性。

（3）专家指导：省、市、区联动机制。

（4）因材定标：任务驱动，分类、分层发展。①科研型教师给任务、教学型教师给舞台、管理型教师给机会；②成熟型教师专家化、经验型教师智慧化、年轻骨干教师多历练。

（5）氛围共建：团结互助、和谐共生，师徒—朋友—伙伴，认真研修、扎实工作、放松生活。

2. 名教师工作室要突出制度管理

（1）明确学员职责要求："五个一"。

读一本书、做一个案例剖析、写一篇研讨文章、参加一次赛课或献课、做一次研讨展示。

（2）建立年度考核制度（学员考核、工作室考核）。

（3）严格资金使用。

3. 名教师工作室要创新研修方式

（1）规划先行，主题研修。

（2）线上线下，每月研修。

（3）内引外联，平台搭建。

①专家引领，促进教师成长；②辐射推广，扩大教师影响力。

（4）资源整合，促优成长。

①购置书籍、订阅报纸杂志，提升学习兴趣，拓宽阅读视野；②促优骨干教师参评学科带头人等，为成员个人价值实现助力。田家炳中学孙阳菊老师被评为学科带头人，五名教师进入成都市骨干教师队伍，一名学员被评为全国批判性思维种子教师；③为学员提供省、市、区支教公开课和讲座机会

等；④利用网络平台，提升教师专业能力和信息素养。

4. 名教师工作室要融合教学科研——能教书、会评课、善研究

（1）研究好课标准。

眼中有人、心中有情，教学有法、学之有得、思之有味、味之有美。

（2）着力学科建设。

不同文体教学内容的确定、教学路径的有效开掘、教学文本的深度解读、不同学段教学重难点的梳理。

（3）致力课程开发。

有"大学先修课程""金庸武侠小说研究""附中'地方文化课程'"和"走近近代大师""红楼梦选修"等。

（4）注重课题引领。

课题—子课题—小专题、课题—课堂—课程、课题—工作坊成员—区域骨干教师，用心去做教育，和美好的生命一起成长，就是人生的圆满。

如果说名教师工作室是一艘前行的船，那么领衔人的感召力、思考力、学术力、行动力就是鼓胀的船帆，影响着前行的方向，决定着劈波斩浪的力量。我和我的团队在众多名教师工作室中，只能算刚刚建立，工作开展尚未成熟。但仰望大师的高度，可以使自己更接近美好的境界。所以，我们行进在这条路上，"享受语文，建设语文"，希望可以如明代大儒王阳明先生一般，知行合一，"自度度人，成己成人"。

五、诗意课堂最美丽

我们来到了重庆市第八中学。这是一所美丽的学校，其前身是树人中学，是由杨若愚先生创办的。重庆不愧是山城，学校都建立在山上。门口到教学楼，有116节台阶，非常漂亮。我们在八中听了两节课，都是语文课。第一节课是八年级下册的《大自然的语言》，老师讲到了可用诗词来解释这篇课文，引用了许多诗词。整堂课充满诗意，让人意犹未尽。

六、练习讲解要得法——练习题的讲评方法

（一）展示学生答案的情况

1.【万里东风暖九州，千家同建小康村】地处海拔1000米的偏远山区，位

于重庆市万州区白土镇的大林村曾是让当地政府头疼的贫困村。为了发展当地产业，带领百姓致富，当地政府积极协助百姓申办微型企业，用当地独特的农业优势改变贫穷的面貌。

（1）阅读材料，谈谈你的感想。（3分）

（2）假如你是大林村村委会的一员，请你根据下图，为该村大米的销路问题出主意。（3分）

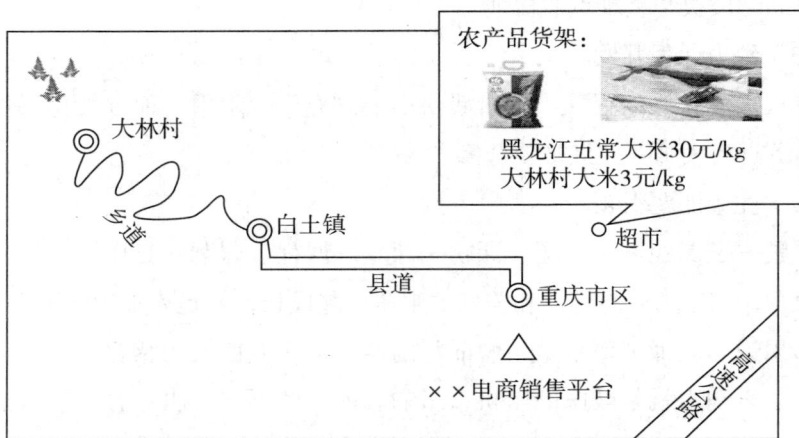

农产品货架：
黑龙江五常大米30元/kg
大林村大米3元/kg

大林村　乡道　白土镇　县道　超市　重庆市区　××电商销售平台　高速公路

①可以建一条铁路，更加快速地将大米运往销售的地方。②应该去农村买米。③修建完善大米种植基地，优化农业产业结构；多方面发展，鼓励支持大林村的经济发展；深化改革开放，鼓励创新。④乡道直修到重庆市区。

（二）归纳每道题错的原因

（1）审题不仔细，不按要求作答。

（2）语言不规范，口语表达严重。如在回答引进高尔夫球场的理由时，写"为了身体健康"；引进便民图书馆的理由时，写"为了学习知识、方便看书"；引进养老院的理由时，写"注重养老"等。

（3）知识理解不到位，且运用混乱。如将引进养老院的理由写为"坚持计划生育的基本国策"；将引进桑蚕技术研究所的理由写为"坚持可持续发展战略"。

（4）时间不够，未能作答完成。

（三）老师引导学生归纳正确答案

（1）修建乡村公路，完善基础设施建设。

（2）利用网络拓宽销售渠道。

（3）加强大米的包装设计，加大宣传力度。

（四）能力提升要求

第一，归纳出与背景材料相关的知识点。

第二，以知识点为依据，分组命制一道考题。（分数自定，自由选择同学来回答）

1. 一桥飞架三地，天堑变通途。筹备6年，建设9年，历时足足15年的港珠澳大桥于2018年10月24日正式通车！以下是某校九年级（3）班关于这一超级工程开展的讨论，请你参与并回答问题。

小伟：这是我国第一条外海沉管隧道，是世界唯一的深埋沉管隧道，更是世界上最长的跨海大桥，被英国《卫报》誉为"新世界七大奇迹"之一！

小晶：在建桥过程中，众多建设者勤勤恳恳做事、咬牙扎根工地、舍"小家"顾"大家"。该桥穿越白海豚国家级自然保护区，耗资约3.4亿元，通过缩短施工工期、调整施工方案等方式，实现了白海豚"零伤亡"的目标。

小娜：大桥建设之初，由于缺乏技术和经验，我国团队赴韩国考察，想观摩其巨加跨海大桥的技术设备，却被一口回绝；想与经验丰富的荷兰公司合作安装外海沉管，对方却开出了1.5亿欧元的天价。

2. 2018年10月24日，港珠澳大桥正式通车，作为连接粤港澳三地的跨境大通道，港珠澳大桥可有效促进人、物、资金等要素的高效流动和配置，推动粤港澳大湾区成为更具活力的经济区。就此，九年级（2）班的同学举行了一场辩论赛，讨论如下：

珠海经济相对薄弱，并非制度优势不足，而是地缘优势不够。大桥的开通将极大地推动该地区的发展，这要归功于科技创新，是创新推动了社会发展。

不管是大桥的建成还是珠三角的成功发展，这一系列的成绩都要归功于改革开放。改革开放极大地解放和发展了生产力，所以是改革开放推动了社会发展。

你同意以上谁的观点？请你参与此次辩论，以"创新或改革开放推动了社会发展"为立论点，为你方写一篇结辩陈词。（8分）

要求：

1. 列举实例论证（4分），结合所学知识（4分），组织你的观点。

2.100字左右，观点正确，注重论述说理，具有一定的见解和深度。

（1）三位同学的讨论传递出哪些信息？（4分）

（2）我们青少年应该如何助力国家科技发展？（2分）

2019年3月31日的惊喜与收获——

今天是周日，培训行程安排大家休息，本想睡个懒觉，没想到张华老师居然与肖力副校长预约到了参观南开中学。这纯粹是私人定制，大家之前与肖力副校长并不相识，只是昨天一次讲座的缘分，没想到肖校长欣然同意了张华老师的请求，我们好意外、好开心！更没想到的是，肖力副校长放弃休息时间，热情周到地陪同我们一行访学参观了一上午。肖校长娓娓道来，如数家珍般全程介绍着学校的故事和文化，我们好感动、好幸福！

只有真正走入才能真实了解，只有真实了解才能真切感受，只有真切感受才会真正明白名校的真谛！什么是名校？这些年我走过许多地方的许多名校，然而真正按科学教育规律办学、真正尊重学生身心健康成长、真正做到理念与实践统一的真名校其实并不多，甚至可以说寥寥无几！

如果今天所见所闻全是真实的，那南开中学这样的学校才能称得上是一所真正意义上的名校。不浮躁、不浮夸、允公允能、日新月异——重庆南开中学，建校于1936年，首任校长是张伯苓。这所学校的美是难以用语言描述的，学校的每一幢房子、每一处建筑；每一段历史、每一个人物；每一株植物、每一块砖石；每一尊雕像、每一张图片……每一处都是厚重的教育历史，每一处都能让人感受到教育的美好，每一处都可领略到独具匠心的设计，每一处都渗透着浓浓的文化气息——校园的点点滴滴均透出高贵儒雅的精神气质。

跟随肖校长的步伐，从校史博物馆的开篇走向结语，在南开中学荡气回肠的历史长廊聆听那些或熟悉或陌生的故事，回顾往昔峥嵘岁月，看见众多高贵的品质和灵魂。南开中学的运动场是珍贵文物，是被列为文物进行保护的，我想这在全国也是绝无仅有的吧！（肖校长说，这是为了纪念张伯苓校长重视体育的理念）而作为文物的运动场看台仍然保持着80多年前的模样。张伯苓先生是当之无愧的中国奥运第一人，因为他最早提出中国要加入奥林匹克大家庭，他最早组建和组织远东奥林匹克运动会，他最早提倡奥林匹克教育入课本，他最早创建中华全国体育协进会，他最早促成中国奥运健儿参赛，他最早发起中国举办奥运会。

从传承了几十年的"三点半操场"到现在扎实丰富的体育课程，我们都可以从中真切感受到张伯苓和南开中学对体育教育的重现，而且是真重视——言行合一的真重视！肖力副校长说："学校的正高级职称评聘是优先给体育老师和体育主管的。我们学校的高中女篮是全国冠军。"肖力副校长还说："我们学生优异的高考成绩可以有力地佐证体育教育绝对不会影响学生的学业成绩，体育锻炼对学生成人成才真的很重要！"

这两天的安排都是上午访校听课，下午听讲座。两场讲座分别是2日下午全国优秀教研员林锐老师主讲的"校本课程建设经验分享"，3日下午四川省特级教师、省名教师工作室主持人易晓老师主讲的"名师工作室建设和活动开展经验分享"。两位主讲人均来自一线，有理论、有实践，经验丰富，很有水平；讲座内容翔实，值得借鉴，很有价值。

4月2日走访重庆师大一中，听了一节语文课和一节数学课，虽然是跨学科听课，但教育的本源是相通的。相比而言，语文课沉闷生硬，为教材而教，课堂上"少见学生"；而数学课则张弛有度，学习气氛较为轻松热烈，在课堂上能更多地"看见学生"。观摩了学校大课间跑操，我还私自跑去操场听了听体育课。4月3日上午走访成都石室中学青龙校区，学校安排了一节生物课和一节英语课，我选择了"不服从"安排而又私自到操场去听了两节随堂体育课。

这个"省百千万"名师班，从原计划的3年到现在快4年了，终于临近尾声！等待答辩、等待毕业……所有人都在努力克服各种困难和压力，完成各项任务和作业，坚持学习和工作两不误，实属不易！近4年来，班级成员中有8人评上正高级，十几位评上特级，涌现出二十几位省区市工作室主持人、特支名师、校长、教研员等。为优秀的同学们点赞，向优秀的同学们学习，与优秀同行，感恩一路有你！

吾生也有涯，而知也无涯

——澳大利亚学习总结

从2018年11月21日到12月8日，我参加了广东省新一轮"百千万人才培养工程"第二批初中文科名教师培养对象赴澳大利亚的研修学习，在这段时间的学习中，我受益匪浅，深深感受到"吾生也有涯，而知也无涯"。

一、项目学习方式好

2018年11月26日，第四组成员胡金兰、周华章、曾红屏、李红秀和谢燕玫在刘女士的带领下一早便来到伍尔德玛丽特中学。这是一所建校108年的老校，共有1500多名学生，包括初中和高中，每个班是26人，有国际班150多人。这所学校是南澳成绩排名前五的公立学校，在助理校长安迪拉·莎拉塔加斯的组织下，我们参观了校园，了解了各功能室，听取了另一位助理校长大卫·卡特的讲座"数据和日常管理"，体验了技工课和商业营销课程。课堂上学员们认真与老师们探讨课程设置和课程核心内容。学校管理细致入微，老师之间配合默契。我们把从中国带来的珠海市九州中学、南屏中学的师生作品赠送给参观学校，交流甚欢，而让我们更感兴趣的是这所学校跨学科的项目式学习，期间听了两位老师的课，受益匪浅。其中一节课是Tegan老师的"stem technologies"，课程主题为灯的设计制作，要为客户制作一个有创意的灯，用六个星期完成整个项目。整个过程分为四个部分。

A部分：查询与分析

你的任务是设计和创建外部客户端请求的产品。通过与客户沟通确定客户的需求，因为学生是设计师，必须了解客户想要的内容以及设计约束、限制和规范，然后要使用Adobe Illustrator进行设计，激光切割和完成作品。预设可能出现的问题，解释出现问题的原因并写出解决的方案（论据）。

分析一系列能够激发问题解决方案的现有产品

屏幕截图的产品	产品名称以及在何处查找（包括此处的任何参考）	你喜欢产品的什么地方	需要什么技术来改进产品

B部分：确定发展思路

（1）制定详细的设计规范，根据研究分析、解释设计解决方案的成功标准。

（2）使用适当的介质和详细的注释开发一系列可行的设计思想，并可以向其他人正确解释。

（3）介绍所选设计，并通过详细参考设计规范对其选择进行全面的批判性证明。

（4）制作所有零件准确而详细的规划图纸/图表，并概述创建所选解决方案的要求。

规划表

最终设计
这必须是详细的图纸，其中包括所有尺寸，零件连接方法以及其他人仅使用此图纸作为计划创建此产品所需的任何其他信息。
在下面写一段描述，即如何在Adobe Illustrator中创建此产品的段落。
（你将使用什么工具，草图，工作平面……）

C部分：创建解决方案

构建一个逻辑计划，描述有效使用的时间和资源，足以让对方能够遵循创建解决方案。在这里，你可以分解需要完成的工作，即何时以及以何种资源成功完成此任务。照计划创建解决方案，该解决方案应按预期运行，你的目标是创建一个解决客户问题的设计。

在制订解决方案时展示出色的技术技能，你现在必须以最高标准创建零件和成品。整体呈现解决方案，包括完成的设计以及打印并在A4显示文件夹中显示的设计周期报告的四个阶段，讨论Adobe Illustrator中用于创建零件的工具和功能以及带照片的装配说明。这是一个循序渐进的过程，允许其他学生使用Adobe Illustrator软件重新创建产品。在制订解决方案时，完全证明对所选设计和计划所做的更改，拍出成品的照片展示。

D部分：评估

对设计制作出来的产品进行检测与评价，评价分为以下部分。

（1）设计详细和相关的测试方法，生成数据，以衡量解决方案的成功与否。

（2）根据真实的产品测试，严格评估解决方案对设计规范的成功影响。

（3）解释如何改进解决方案，解释解决方案对客户/目标受众的影响。在部分使用中提供的表格如下。

解释统计表

测试标准（基于设计规范）	成功测试过（是/否）	支持评论

同时，老师和同学或与客户一起批判性地评估学生解决方案是否成功：如果成功，请详细解释；如果不成功，请详细解释为什么以及表明该如何改进。

这个项目式学习真正调动了学生的学习积极性，并且发挥了学生的主体作用，让学生成为学习的主人。在这个项目实行过程中，真正实现了跨学科学习，因为整个项目的实施中有多学科老师的合作，有计算机老师、有美术老师、有实践老师，还有数学老师和科学老师的团结合作，最终完成了这个项目。而最让我们感动的是教镭射切割机切割木板的老师，在学校和企业都不能解决学校的电脑与镭射切割机整合的情况下，她在网上自学了50个视频课程，最终解决了电脑与镭射切割机的联结难题。这位敬业又好学上进的老师非常值得我们学习。

二、正念教育伴成长

在澳大利亚学习的近20天中，我们听了几所学校的老师讲的关于正念教育的讲座。其中一个讲座来自高级心理学家露易丝的"正念教育"，也就是我们国家讲的积极教育——Positive Behaviour for Learning，简称PBL，即系统地强化学生的正面行为，促进其学习。在澳大利亚首都堪培拉，有58%的学校都把正念教育融入了学校的教育当中。很多学校为了突出自己的积极教育特色，会让学生自己设计学校或者班级的品牌，设计学校的吉祥物，设计学校海报，放在学校每个人都可以看到的地方。更特别的是，有的学生在把吉祥物做好后会放在热气球上，放到高空进行展示，从而加大学校的影响力。当然，主要可以从四个方面来潜移默化地影响学生：第一是教室外的布置，在教室外所有能利用的地方展示班级学生设计的产品和代表作品；第二是教室里面的布置，只要是可以利用的地方都用来展示班级和学生的作品，不管是优秀的还是一般的都会展示，让学生有成就感；第三是制定个性化的学习系统，与家庭、社区有机联系，将家庭、学校、社区几大板块多样性地关联起来，发挥学校、家庭、社区在学生成长中的重要作用；第四是制定合理的、具有可操作性的奖罚机制，奖励的等级分为青铜级、白银级、黄金级和钻石级，并分别规定每一级的要求，同时还会颁发相应的奖牌。当然，如果有表现很优秀的学生，还可以获得与校长喝咖啡的机会。正念教育对我们国家的教育也有积极的借鉴意义。

积极教育揭示了社会发展的文化DNA密码。有专家研究发现，人类历史上财富的爆发式增长靠的不是斗争而是合作，而积极的心态是合作与交往的前提和基础。孟德斯鸠认为，商业世界的游戏规则不是斗野蛮、拼产品，也不是博弈、竞争、计较、吝啬，而是讨人喜欢、让人快乐。在他看来，在快乐多的地方商业更发达，在商业发达的地方能遇到快乐的人。积极教育正是促进快乐交往的重要方式之一。与传统教育偏重"知识"学习不同，积极教育在鼓励"求知"的同时，强调培养"知识以外"的能力。加拿大心理学家史蒂芬·平克认为，知识之外的能力第一是设计感，或者说美感；第二是快乐感，让自己与他人都身心愉悦、健康；第三是意义感，找到生命和生活的意义；第四是形象思维的能力，善于讲故事，把抽象概念具体化；第五是引起共鸣的能力，善于感染和激励他人；第六是共情能力，善于捕捉和理解他人的感情、感觉。

积极教育符合人类大脑活动规律。研究表明，低级脑细胞负责具体信息处理，如看、走等；而高级脑细胞负责美感、共情、共鸣等功能。高级脑细胞越活跃，人的智慧就越高、情感就越积极、成就就会越大，因而培养活跃的高级脑细胞至关重要。积极教育的重要内容和目标指向就是培养学生开展高级脑细胞活动的能力与习惯，我把它定位为打造中国领军世界的ACE（王牌）。ACE中的A是aesthetic，即审美；C是creative，即创造；E是empathic，即情感共鸣。

基于近年的教学实践，我认为开展积极教育除了要进行"乐观性格教育""社会关系教育""健康生活习惯教育"之外，还应包括以下四个方面：一是情商教育。心理学家研究发现，人类在积极的时候思路更开阔、行为选项更丰富、行动的欲望更强，大多数的创造性工作是在快乐积极的情况下完成的。积极教育重视情商，旨在教会学生发现、培养、管理、交流积极情绪。二是幸福教育。美国心理学家齐斯真秘·哈伊认为，幸福就是一种全身心的快乐体验，我将其称为"福流"，它描述的是一种沉入其中、物我两忘、驾轻就熟、点滴入心、酣畅淋漓的心理体验，并且这种体验是可以通过学习、创造获得的。三是利他教育。心理学研究表明，利他是幸福的，帮助别人是在寻找快乐。积极教育就是以科学的方法开展利他教育，使利他成为一种全身心的愉悦体验。四是美德教育。这里所说的"美德"是建立在人心、人情、人性基础上的价值理念。心理学家认为，人类有一些公认的美德要素，比如，都喜欢有勇气、仁慈、有爱心的人，更尊重欣赏他人、好学上进、有创造力的人，积极教育要让学生欣赏、热爱并培养这些美德。

在堪培拉时，我们还来到了莫里森小学，这所小学在这个地区是双语学校，中文是必学的语言。学校的校训是："以成功为目的，朝成功去努力"。激励学生做最成功的自己，并写下成功的标准和学习的目的，还有具体的要求，告诉学生哪些行为是得体的，哪些行为是不能做的，因此，学生能够明确自己的行为是否符合要求，真正做到"行己有耻"。

三、教师多才又敬业

在澳大利亚，要想成为教师是有较高的准入门槛的，因为他们认识到教师的质量决定着学生的发展，所有教师学历水平的最低起点是本科毕业，获得教育学士学位，不但要有教育方面的资历，还要接受过教学实习训练。高中教师更要在特定科目上具有相当的资历。另外，学校还有各方面的专业导师，为学生提供读书技巧、科目及职业选择或其他生活需要的指导。教师分为四个层级，有研究型教师（刚毕业的）、普通专业教师、高水平教师和领导型教师（相当于学科带头人）。教师每三年要注册一次，因为注册时要学习很多知识，进行各种各样的培训，如培训如何处理校园欺凌事件，如何进行学生的急救，如何进行学生心理方面的辅导，如何与家长进行有效沟通，如何加强学校、家庭与社区之间的关系等。澳大利亚联邦政府于2010年3月8日正式公布了新的《全国教师专业标准》，其基本内容包括"促成高质量的教学，为教师质量提供全国性基准，提升教师职业期望和专业成就，明确教师职责，促进统一的教师认证与注册体系建立等"。对教师的要求很高，如要求教师了解学生，了解教学内容，有效地进行教学，制订并实施有效的教学计划，创造和维护安全的学习环境，评估和反馈学生的学习情况，从事专业学习，与同事、家长、社区进行沟通和互动，当然，教师的职责更多的是协助者和引导者。教师上班的时间是上午8：30到下午5点，上午10点后有30分钟茶歇时间，中午1点到2点是午餐及休整时间，下午3点半放学。与中国的学校相比，他们放学的时间更早，但是他们中午没有休息时间，只用较短的时间吃午餐，然后接着上课，很辛苦。他们的工作时间长，学生放学回家了，但教师基本都要留下来备课。他们周三下午是集体备课时间，讨论这个星期或下个星期的工作内容，或者是学生出现的问题。教师批改作业的时间都是在晚上，因学生的作业都是在电脑上完成的，教师也在网上批改。

澳大利亚小学实行带班教师制，因此对教师要求更高，因为一个班由一位教师带，要负责教授除音乐、艺术、计算机及体育以外的所有课程，而教室布置也由该教师负责。中学教师一般每人兼任2～3门课程，有的甚至要教5门课程。据了解，这些教师在上班期间除了上课，极少有自由支配时间，每周的自由支配时间大约只有两个小时，教师备课、批阅作业也大多是利用晚

有学——让我不断进步

上在家里完成。

澳大利亚教师的工作量之大是我们考察之前所没有料想到的。因此，我们感觉在中国做教师还是比较幸福的。

四、肯定评价多方面

在伍尔德玛丽特中学，副校长接待了我们，她是一位60多岁的老太太。她先向我们介绍了学校的历史，然后带我们参观学校，还带我们参观了学生做咖啡的咖啡厅。这里是学生创业的地方，他们在这里做咖啡，然后把咖啡卖给学校的人，它也是学生选修的一门课程。接着往上走了几级台阶，看到一个走廊，展示的是学生的一些绘画作品，这些作品都凝聚了学生的心血与智慧，很有创意。走廊的前头是一个礼堂，是他们集会的地方，墙壁的左侧挂了一些木制的板子，上面刻的是一些毕业学生的名字，有的是对学校做出了突出贡献的，有的是成绩比较优秀的，有的是对社会有较大影响力的，学校都会把他们的名字写在上面，这对我们启发很深。评价一个学生，不仅仅看他的成绩，更重要的是看他在各个方面的表现，只要他具有某一方面的优势，都要对他进行肯定。

对于学生的评价也体现了多元化，有学业成绩的评价，但更多的是过程性评价。无论在哪一方面做得出色，教师对他们的评价都是肯定的。这一点是值得我们学习的，我们往往强调学习的最终结果而忽视了学习过程，注重知识的传授而忽视了能力的培养。

五、以生为主培能力

澳大利亚的学习是深度学习中的项目式学习，它强调学生的活动与体验，学生的活动机制是深度学习的核心特征。活动指以学生为主体的活动，而非生理活动或受他人支配的肢体活动；体验则指学生在活动中生发的内心体验，活动与体验相伴相生。

11月27日上午，在伍尔德玛丽特中学的初中部，我们听了三节课。第一节是一位英语老师的语言课，让学生展示自己的作业，课题是"谈谈对所阅读的一本书的理解"，每个人选择的书不一样，展示的书也不一样，多少个学生，就能够展示多少本书。通过分享，学生的知识面与视野得到拓展。

学生讲完，教师进行提问，然后给学生打分。评分标准有四个方面：第一是内容的把握是否到位；第二是演说的句子和语法；第三是视频的制作是否精美；第四是展示时的语言表达是否清晰流畅。

第二节课是人文课，老师先播放了一段视频，关于全世界无法接受教育的孩子的一些数据和形成的原因，老师放完视频后，学生用15分钟时间在网上找到以下问题：①在澳洲有哪些人是无法接受教育的？②澳洲教育的公平性如何？并给出明确的要求，学生需要有论点，还要有相应的论据来论证。在这样的人文课上，老师能很好地引导学生关注社会实际，值得我们借鉴。

第三节课还是英语课，是说服力的话题，要求与旁边的同学讨论有说服力的话，只要是自己感兴趣的、想研究的话题都可以。老师给出任务后，学生讨论10分钟，用电脑在网上进行搜索，查找相关资料，然后进行讨论，最后由学生进行展示分享。

六、课程设置多元化

现阶段，澳大利亚的中学课程主要是围绕澳大利亚联邦教育部制定的八大重点学科领域设置的。八大重点学科分别为英语、数学、科学、人类社会与环境、技术与应用研究、创造艺术、英语以外的其他语言、个人健康发展与体育。目前，澳大利亚的中学课程主要包括四类：基础课程、扩展课程、职业技能课程和生活技能课程。另外，各学区和学校还为学生提供了丰富的校本课程，以满足当地学生的需要。

基础课程包括六个方面：一是关于澳大利亚本国的历史、政治、经济、文化宗教等方面的内容，如澳洲史、土著研究、宗教礼仪等；二是自然科学，如数学、化学、生物等；三是社会科学，如世界史、经济学、社区与家庭研究等；四是英语，分为初、中、高三个等级；五是外语，共40多门课，如德语、法语、汉语、意大利语、阿拉伯语等；六是文艺，如舞蹈、戏剧、音乐等。

扩展课程是为了培养学生的兴趣和发展学生的综合能力而开设的，需要在合格完成基础课程后才能学习。科目主要分为以下几类：一是高级科学，包括科学通论、数学化学、物理学、电子学、今日科学、农学、生物学、环境研究等课程；二是计算机科学，主要包括计算机研究、计算机与社会、信息处理技术、软件设计与开发等课程；三是社会科学，包括社会与文化、社会学、法律研究、经济学、家庭科学等；四是语言，主要包括英语（分为科技英语、法律英语、新闻英语、商务英语等）、德语扩展、法语扩展、意大利语扩展等外语课程；五是美术和工艺，主要有工艺美术、视觉艺术、实用汽车工艺、纺织学、食品科学园艺等课程；六是音乐与文艺，有钢琴、提琴、吉他、舞蹈、戏剧表演等；七是个人健康发展，包括体育与健康、公民教育等。许多扩展课程都是与大课程相互衔接的，并且有一部分课程得到了大学的认可，学生进入大学后可免修部分课程。

职业技能课程是为毕业后直接工作或是进入职业学院学习的学生开设的，其课程较多，分为九大类，共40多种课程。第一类是商业服务，包括初、中、高三个等级；第二类是建筑学，包括基础建筑学知识、中级建筑学知识和特殊建筑学知识；第三类是信息技术，分为初、中、高三个等级；第四类是娱乐业，分为两个等级；第五类是营销业；第六类是旅游业，这些课程与职业技术学校或继续教育学院的课程是相互衔接的。学生通过高中毕业考试或大学入学考试后，既可直接就业，也可去各类职业技术学校或继续教育学院学习。

生活技能课程是为了培养学生的生活适应能力、独立生活能力和创新能力而开发的，主要有公民与社会生活技能、科学生活技能、创造艺术生活技能、社区生活技能与个人发展、健康与体育技能等课程。对于澳大利亚中学课程选择的要求与特点，我们以澳大利亚新南威尔士州的中学课程标准为例来研究，学生的课程选择是用单元（unit）来计量的。单元的数量由学生在校学习的课程时间决定，大多数课程都含有2个单元，每个单元要求学生全年至少学习60个小时。为了获得高中毕业证书，学生必须在十一年级时修完至少12个单元的基础课程，并在十二年级时修完12个单元的扩展课程。此外，还规定了课程选择的最低要求：英语为必选科目；4门学科课程；具有两个及以上单元的3门课程。多元化是指课程种类多样，涉及范围广泛，丰富的课程设置有利于学生的全面发展，能够提高学生的综合能力，培养经济建设、社会发展所需的人才。

澳大利亚新南威尔士州教育技能培训部部长埃克·威廉曾说："如何让中学生们学会学习、学会生活、学会做事、学会交往，树立终身教育观念，为长远发展打下全面的基础，以适应未来职业的需要，是中学教育需要解决的问题。中学课程、教学方式、评价方式等都要以发展学生的综合能力为宗旨，而不是培养驮着书本的蠢材。"

澳大利亚中学在课程设置上反映了关注学生全面发展的特点。课程内容除了涉及英语、自然科学、社会科学、外语等学生必须掌握的基础知识外，还包括商业、建筑、信息技术、金属制造、基础工业、营销等职业技能课程和有关个人成长、健康与体育等的生活技能课程。丰富的课程设置为学生的全面发展提供了有利的条件，为学生综合能力的发展起到了促进作用。

鼓励以校本课程为主的多种课程模式，以适应多元文化的地区差异。澳大利亚中学课程不仅包含由各州教学委员会制定的课程，还包含大量的校本课程，这些校本课程经过教学委员会认可后也可成为中学课程，学生选修的校本课程的成绩也能相应地成为毕业考试成绩的一部分。校本课程的开发不仅满足了不同学生的不同需求，还有利于调动学生的积极性，以适应不同地区多元文化的差异。多元化的课程丰富了中学教育内容，推动了中学教育改革。

自20世纪90年代以来，澳大利亚中学课程始终围绕着培养实用型人才这一目标而展开，将教育、培训与经济发展结合起来，将学校教育与职业课题结合起来，形成了一套以能力为本的多元化的课程体系。同时，课程改革也为中学教育注入了活力，推动了中学教育改革的发展。如教学方法的多样化，教学组织形式的多样化，分层次教学，因材施教，引导学生自主学习，让学生在众多科目中选择适合自己的科目，在必修课中选择与自身水平相适应、相匹配的课程类型，在不同的升学机会中选择最佳路径，使其个性特长得以发展，满足社会发展的需要。

我们参观学习的伍尔德玛丽特中学的校训是培养卓越的人，而卓越不仅仅指成绩方面的卓越，更重要的是各个方面都优秀，以学校的老师为荣，以学校的传统为荣，以学生为荣，希望将学生培养成国际公民的一部分，真正使其参与到国际项目中去，要为一流学生打造世界一流的学校。多元文化指的是澳大利亚有82个国家的文化背景，他们尊重文化的多样性，从国家的学术背景交流到各种各样的节日，学生的活动是丰富多彩的。

我们参观的每一所学校都有职业课程和校本课程，学生可以学到很多与生活有关的知识。

近20天的研修学习很快就过去了，其中有收获，但更多的是反思。反思自己的教学理念和教学方式，我一定会用所学到的先进理念来改进我的教学，为广东省教育事业做出自己应有的贡献。

有学——让我不断进步

加强学科组建设，为智慧课堂奠基

教研组是学校的基层组织，在教师的专业成长与发展中，教研组起着不可替代的关键作用。我校加强了教研组建设，使教研组工作焕发出勃勃生机，促进了教师的专业发展。而我也针对打造智慧课堂，切实提高学生对学习道德与法治科目的兴趣和提升中考成绩，谈一些不成熟的看法。

一、认真贯彻科组理念

上学年，我们在整个科组教师的努力配合下，认真贯彻执行科组理念，即生活引领、知行合一，要求每位教师都能够按照这一理念进行教学。

二、提高教师的执教能力和学科专业素养

提高教师的执教能力包括解读课标和教材、教学设计、课堂教学、作业布置与批改、学生学习诊断、学业辅导、过程性评价、考试命题研究等能力。

让我们的教研活动更丰富一些。如：教学过程，集体备课—资源建设—作业设计—命题研究—考试分析（问题）—教学故事交流—主题研讨—教改课题；课堂，听评课—课堂研磨—课例研究等，真正提高课堂效率。

三、加强科组队伍建设

（一）制订教师职称提升计划，带领科组成员开展真正的教学研究

在听了文晖中学校长、语文特级教师、拱墅区教育局副局长赵群筠的报告后，我认为我们学校的教学研究是没有落实到位的，很多教师做课题只

是闭门造车，没有真正地去研究、去做实事，到了结题时只好匆忙地写结题报告。

在考试方面，教师应讲究命题的质量，把握命题的艺术，充分发挥考试评价的激励和促进功能，唤起学生对考试的美好向往。

（1）试卷编制。

每个备课组指定一位教师独立编制试卷（包括参考答案，保留命题过程中的思考及命题意图）；方式：原创＋剪刀。

（2）体验考试。

备课组全体教师像学生一样解答试卷，以体验学生应试时的状态和心理（语文、英语学科要包括下水作文）。

（3）交叉批卷。

在批卷过程中感受学生的无奈和被动，引导教师树立"学生意识"。

（4）反思试卷。

命题者阐述命题意图及实现情况；参试者提出完善意见。

（5）专家参与磨卷。

邀请各学科专家研磨试卷，总结命题研究的得失，掌握命题方法。

（二）加强先进技术的学习，让技术支持我们的教育

技术促进教育理念更新；技术增强学习的驱动力；技术提高学生的认知效率；技术改变教育教学管理；技术重新定义教师的专业发展。

新高考背景下要求教育技术装备以培养学生发展核心素养为目标，具体到每一门学科，在承载核心素养的具体内容、理科实验室建设的同时，也包含文科、艺术和跨学科实验室等。新高考与课程改革要求技术装备能够承载搭建情境、激发动机、体现过程与方法等职能。

技术不仅应成为知识呈现、信息传播的工具，更要通过环境创设、数字资源应用等使课程资源情境化。不仅帮助学习者掌握知识与技能，更要使其体验过程与方法，促进形成正确的情感态度与价值观，建立激发"内部动机"的教学导向。不仅能够提高学生的认知效率，更能帮助学生开展学习分析、个性化评价、制定个性化教学的策略，丰富教学内容、创新教学手段、改变教学方法、优化教学评价，为分层分类教学创造条件，为走班选课提供智能化管理手段。

四、重视课堂效率，优化作业设置

（一）让课堂中学习主动有效

教师可以想出更多的方法来提高学生的兴趣，如利用信息技术，特别是现在的一体机、录音机、微课、时事评论、表演、视频等方式，千方百计地引起学生的喜爱，而不是一味地照本宣科。

（二）把集体备课落到实处

资料中已谈到，在此不再赘述。

（三）优化作业的设置

作业的设置可以分为课内作业的设置、课外作业的设置和假期作业的设置。课内作业应是与教材有关的，并能在课堂上完成；课外作业可以是一周一次，是学生有一定兴趣的；假期作业不是与教材有关的，而是实践性的，或者是写写时事评论、找找思维方面训练的点子等。

【事例】让作业有意图，让学习有意义——改进寒假作业的研究与行动

1. 分别设计：明确作业意图

放假前一个月，各备课组集体备课，提出本年级本学科的寒假作业设想，形成作业形式及内容的初稿，并阐释设计意图及可行性。

2. 集体交流：完善作业方案

学校召集备课组长与教研组长，召开寒假作业设计交流会。请各备课组长分别介绍本备课组的作业方案，并阐释作业设计的意图；邀请专家对作业进行一一点评分析，并组织学科研究小组成员对作业设计进行评分，提出相应的修改建议。

3. 精心反馈：组织作业交流

2月14日，学生返校，上交各科作业。各学科教师认真批改学生作业，及时反馈；总结学生作业中的闪光点以及存在的不足。同时将部分作业内容在班级中进行交流，相互学习。

4. 反思研究：展示作业成果

2月27日和28日，学校以座谈的方式，请学生参与问卷调查，倾听学生对寒假作业的感受及看法，并让他们提出一些建议。各学科年级备课组精选优秀且有价值的学生作业进行展示。同时根据学生作业反馈情况进行相应的反

思总结，以在作业成果交流会上发言。

5.多与其他学科的老师交流

例如，语文科组的假期作业如下。

（1）关注一条新闻。

① 每天摘录一条新闻（100字以下），并标明新闻选自哪一份报纸及刊物（附报道日期）。

② 根据这条新闻编写一道改错题或者概括题。

③ 共摘录10条新闻，编写10个小题。

（2）看一本书，辑一本摘抄。

① 任选一本喜欢的书阅读（希望能与父母一起读）。

② 每天完成一张读书卡的记录，共10张。如果写一篇400字以上的读书笔记，可以代替两张读书卡。

③ 将读书卡和读书笔记合订成册，自制封面。

（3）整理一本文集。

① 对文学类感兴趣且写作水平较高，或者在各类作文比赛中获过奖的同学可以选做C类题，免做A类题。

② 整理近3年自己满意的作文，并将其进行分类，也可配上插图或生活照片，配上师长和朋友的评语，合订成册，自制封面。

③ 给自己的作文集写一个自序，也可请同学或师长在阅读之后代为写序。

五、构建思想品德智慧课堂的教学模式

复习教学模式：环节一，核心知识回顾；环节二，时政热点速看；环节三，思维有效训练；环节四，课堂作业巩固。常规课教学模式：环节一，时政热点导入；环节二，教师讲授新课；环节三，小组合作探究；环节四，课堂练习巩固。

六、打造科组校本课程

（一）完善现有的科组资料

完善《高分宝典》，即在现有的九年级两本《高分宝典》的基础上，把七、八年级的导学案也做成练习册，打造一套完整的《高分宝典》系列丛书。

（二）和其他文科科组联合

每半学期编写出版一期《文科学习报》，印制并发送至各班，让学生传阅。道德与法治学科毕竟是一门中考学科，除了其自身承载的德育功能外，提高学生这门学科的成绩也是很有必要的。但道德与法治学科作为一个副科，独立成报的可能性不大，所以可以联合其他文科学科出版文科学习报，这也可以成为一项特色校本教材。针对各文科学科的特色，介绍学习方法、学生成功学习的案例、趣闻乐事等，拓宽学生的学习空间，可以提高学生的学习兴趣。报纸相较于其他厚实的课本或练习册，还是比较轻便的，并且容量较小，学生从心理上会更愿意接受，所以可以作为一种新尝试来做。

（三）开展大单元教学的尝试

政治科组的教材编写得有些混乱，如果重新编写教材，则按照四大板块——心理部分、品德部分、法律部分、国情部分进行编排，不仅能使整个教材成体系，也能对学生的学习、公民素质的培养、品德的形成有很好的促进作用，也会使中考的复习更加高效。

七、充分利用小组合作功能，提高课堂效率

组织教师制定小组合作共同体的评价机制，以激发学生的积极性。

八、开展特色课程

根据科组的实际情况，开展特色课程、创建特色科组。如开展"思维风暴训练"课程、"生命健康教育"课程、"时事新闻评论"课程等。特别是针对现在高中的走班制度和以后中考取消的可能性，我们必须有所准备。

有人说过："一个精神灿烂的人，可以活成一个花园；一个精神灿烂的群体，可以活成一个传奇。"但愿每个教师，都可以活成一个花园；每个科组，都可以活成一个传奇，也愿我们的学校成为一个奇迹。

微信"四点"成就灵动智慧的思想品德课堂

在 日益发展的新媒体环境下，由于微信应用的快速发展，其也慢慢地出现在教育领域，一定程度上较好地促进了学习者的学习，激发了学习者的学习兴趣，提高了学习者的学习效率和效果。本文从微信的内容、功能出发，结合教学理念创新、教学模式和手段改革等方面阐述其在思想品德教学中的作用，探讨微信课堂的教学创新模式，充分利用微信有效地促进教育发展，形成多样化的新型课堂教学方法和教育方式，把课堂教学创新引向深入。那么，微信是怎么让思想品德课堂灵动智慧的呢？

一、微信点子成就灵动智慧思想品德课堂的灵感点

新学期就要开始了，我要上七年级的第一节课，我想上好第一次的见面课，从而让学生记忆犹新。开学前我就在思考，我应该如何上呢？是做一次特别的自我介绍？还是讲一些特别的故事？或者是用哪些特别的节目？我有些着急，于是打开微信，看看我的订阅号。我打开教师博览公众号，立马看到这样一篇文章，叫《老师的十二样见面礼》，我惊喜至极，迫切地打开阅读。

开学第一天，您还在照本宣科地读着学生守则和管理条例吗？有没有特别的礼物送给学生呢？下面是开学的十二件礼物：一位美国老师准备了23个纸袋，确认每个纸袋都装齐了十二件东西。第一件是牙签（提醒你要挑出别人的长处）；第二件是橡皮筋（提醒你保持弹性，每件事情都能完成）；第三件是创可贴（用来修复别人以及自己受伤的感情）；第四件是铅笔（写下你每天的愿望）；第五件是橡皮擦（提醒你每个人都会犯错误，没关系）；第六件是口香糖（提醒你坚持下去就能完成工作，而且当你尝试时

会得到乐趣）；第七件是棉花球（提醒你这间教室充满着和善的言语与温暖的感情）；第八件是巧克力（当你沮丧时，会让你舒服些）；第九件是面巾纸（提醒你要帮别人擦干眼泪）；第十件是金线（记得用友情把我们的心绑在一起）；第十一件是铜板（提醒你是有价值且特殊的）；第十二件是救生圈［（救生圈形糖果）当你需要谈一谈时，可以来找我］。这位老师在开学第一天时把这十二件礼物送给每个孩子当见面礼，还写了一封充满浓厚的人文气息与温暖情怀的信。十二件礼物，没有一件是提醒作业、考试、测验卷、评量练习簿的，也没对安静、守秩序、准时等的提醒；只是提醒"你是有价值且特殊的"，提醒要"挑出别人的长处"，提醒要"记得帮别人擦干眼泪"。

看到这些，我如获至宝。在佩服美国老师的智慧聪明之余，我恨不能马上准备好这些东西送给学生，好让他们有一个不一样的开学，不一样的第一课。可是，冷静下来一想，我教四个班，共200多人，虽然说这些东西不值钱，但是要我准备200多个信封，写200多封信，每个信封装上十二件礼物，可是一项巨大的工程，何况我还不熟悉他们，若都送一样的，那他们也会没有新鲜感。可是我又觉得这是一个好点子，想来想去，只有一件可以是事半功倍的，那就是制作课件。我制作了PPT，把这十二件礼物投影出来送给他们，并且让他们说说老师送这些礼物的理由。我根本没有想到，学生的回答让我深深震撼。他们只是七年级的学生，但是他们的回答中却充满了智慧和哲理。

我问他们："老师为什么送你们牙签（牙签是用一个杯子装着的）？"有的学生说："它可以挑出我们的错误，让我们更好地改正错误，让我们以后做得更好。"有的学生说："一根牙签易折断，一把牙签不易断，告诉我们只有团结，才能战胜各种困难。"有的学生说："牙签是把双刃剑，它既可以挑出我们的缺点，让我们看到自己的不足，从而加以改正，但是也要注意，它可能会伤害我们，如果使用不当的话，因为它太尖锐，有可能让我们受伤，所以，我们在挑别人的缺点时，尽量讲究方式方法，否则会让他人受到伤害。"还有的学生说："用牙签还可以挑出别人的优点，我们可以更好地向他们学习，做到取长补短，更好地完善自己。"当问到送他们橡皮筋的理由时，学生的回答也是精彩纷呈。有的学生说："老师，橡皮筋是用来绑住我们的头发的，它可以让我们每一天都精神焕发。"有的学生说："橡皮筋有弹性，告诉我们要能屈能伸，学会面对生活中的种种不如意。"有的学生说："老师，橡皮筋就像是一个规则，约束着我们每一个人，我们每一个人都要遵守纪律和规则，整个班级才会团结一致、奋发向上。"还有的学生说："老师，橡皮筋也是有度的，如果用力过大，可能会断裂，它告诉我们有了困难要主动找老师、同学帮助，不能让自己压力过大，只有及时排解压力，我们的橡皮筋才能用得更久。"……

整整一节课，学生对于这十二件礼物的意涵都进行了精彩的回答，完全出乎我的意料。他们的回答真是仁者见仁，智者见智，充满了智慧和灵动。虽然他们的答案与美国老师的不一样，但是他们的答案更精彩，更充满了智慧，他们的回答令我深深地折服。电影《左耳》中有句台词说得好："爱对了是爱情，爱错了是青春。"我借用这句话来说："答对了是答案，答错了是智慧。"我深深地感谢微信为我提供了这么优秀的点子，让我的课堂充满灵动与智慧。

二、微信热点成就灵动智慧思想品德课堂的讨论点

微信上丰富繁多的资料和庞杂的网络舆论，使思想品德教育的效果淡化。由于微信操作简单、信息量巨大、传播高效，因此，错综复杂的信息通过微信能很快进入学生的视野，其中也有大量错误的伦理道德观念、生活方式，不良的价值观以及消极的世界观、人生观等。这些会使学生对一些问题的认识产生偏差，使其价值观模糊，因此，我们可以将微信中的一些热点材料作为课堂教学讨论或争论的焦点，让学生进行辩论，从而提高他们辨别是非的能力和对各种媒介的评价能力。

三、微信功能成就灵动智慧思想品德课堂的情感点

微信不仅可以用于教学，还能成为师生之间和生生之间感情交流的纽带。可以通过朋友圈发布自己的生活动态，对有意思的说说点个赞或发表看法，特别是在节假日，教师可以利用微信群问候自己的学生及其家人，学生也可以给老师送上节日的祝福。我与学生建立了微信群，也加入了班级中的家长微信群。我记下了每一个学生的生日，在他们生日的时候，通过微信中

的功能制作精美的卡片，在卡片中插入他们平时学习、生活的照片，并写下对他们的祝福，配上适当的音乐送给他们，这样，每个学生在生日时都会收到特别的礼物。此外，我还会想办法感谢和祝福他们的父母，给予他们特别的礼物，如写一段文字，对他们表示感谢，并且适时夸奖他们的孩子，告诉他们孩子的进步。这就是打造灵动智慧课堂情感点的方式之一。"亲其师，信其道"，只有师生之间、生生之间的情感加深了，学生才能喜欢老师，才会在课堂上愉快合作、积极思考、畅所欲言，让智慧与灵动充满每一节课。

四、微信多样信息成就灵动智慧思想品德课堂的趣味点

微信公众平台的传播符号呈现多样化，能多元化地传播各种教育信息，为思想品德教育提供了大量的教育资源，增加了课堂教学的趣味性。

如在讲"文化的多样性"一课时，我通过微信搜索"世界各地文化"，马上出现了世界各地的烧烤文化、酒文化、茶文化、早餐文化、情人节文化等不同的文化，有中西方文化、阿拉伯文化、伊斯兰文化等，内容多种多样。这些都是学生非常感兴趣的。我将这些信息发送到自己的QQ邮箱中，在课堂上通过一体机播放，以图片、文字、漫画、笑话等方式展示不同国家的不同文化，把文化的多样性和丰富性阐述得通俗易懂与淋漓尽致。然后适时抛出问题："①上述材料说明了什么？看到不同的文化，你有什么感受？②我们对待不同的文化应该持什么样的态度？③不同的文化对我们有什么作用？④面对这么多优秀文化，我们又该如何对待自己的民族文化？"通过这样的展示、讨论，学生的兴趣很快变得高涨起来，课堂气氛热烈，充满灵动智慧。

总之，微信成就灵动智慧的思想品德课堂是一种追求，一种向往，其中可供探讨的问题还有很多，但只要潜心研究、精心设计、正确引导，必能创造出更多灵动智慧的思想品德课堂，使学生真正爱上思想品德课，收获灵动、增长智慧。灵动智慧对于我们来说，也许只是空灵而富有诱惑的存在，但只要有心，我们一样会闻到它的芬芳，一样能采撷到它的果实，心之所往，情之所依，灵动智慧之所生。

互联网+道德与法治作业，
让学生成为"各类君"

影片《滚蛋吧！肿瘤君》讲述了29岁的乐天派漫画家熊顿因患癌症，身处人生最艰难的时刻，却对着命运微笑的故事。她走之前教会了我们如何用微笑赶走这个世界的阴霾，她是生活中的"快乐君"。我从她的故事中得到启发，于是尝试利用"互联网+作业"的形式，让学生成为"爱心智慧君、快乐学习君、生活幸福君"。

李克强总理在2020年《政府工作报告》中提出了"互联网+"这个新概念，引来上百万网民的点赞。可以说，"互联网+"在中国的迅猛发展，不但提升了一个又一个传统行业的层次，也给每一个人带来了机遇、希望与挑战。那么，对于中国教育领域，"互联网+"又意味着什么呢？那就是教育内容的持续更新、教育样式的不断变化、教育评价的日益多元。一言以蔽之，中国教育正进入一场基于信息技术的更伟大的变革中。

"互联网+作业"的模式，可以让学生的作业形式变得更加丰富多彩，让思想品德课变得更受欢迎。它不仅有利于培养思想品德课教师的创新意识，提高教师的理论素养，丰富教师的教学实践经验，更有利于提高学生学习的兴趣，激发学生的求知欲，让学生养成主动学习、积极探索、认真实践等良好的学习习惯，还可以培养学生收集、获取知识的能力，分析解决问题的能力以及交流合作的能力，有利于增强学生的情感体验和道德认知，使其自主生成德育规范，陶冶情操、丰富精神生活。那么，如何让"互联网+作业"更有趣，让学生成为"爱心智慧君、快乐学习君、生活幸福君"呢？我主要从以下三个方面进行阐述。

有学——让我不断进步

一、 撰写新闻评论，让学生成为真正的"爱心智慧君"

"时事新闻与思想品德教学完美结合的研究"是我已结题的一项课题，当时主要是在九年级的教学中实施，但是我想把这个课题继续研究下去。有的老师说："七年级的学生还小，还看不太懂新闻，也不清楚国家大事。"的确，他们年龄不大，也很难接触新闻评论，还没有达到撰写新闻评论的水平，但那主要是因为我们教师没有对他们进行系统的训练，也没有教导他们应该如何去看新闻、评新闻。因此，他们才不会去关心国家大事，既不想看，也不愿意去评论。

我们可以从七年级就对学生进行撰写新闻评论的训练，如可以采用以下方式进行培训：①在班上做思想动员，告知学生撰写新闻评论的意义和作用，让学生从思想上树立要写新闻评论的意识。②告诉学生如何筛选新闻材料，可以让他们自己决定新闻材料的类型，只要是自己感兴趣或者印象深刻的都可以。③传授他们撰写新闻评论的方法，即应该从哪些方面对新闻材料进行评论，从是什么、为什么、怎么办三个角度进行评论。

老师给每个班发一个本子，以学区为单位进行训练。先由第一学区进行撰写，每个学区分配记录员、评论员，针对这个新闻，每个人都必须进行评论并写下自己的评论观点。同样也可以对同学的评论进行二次评论。每节课利用上课的5分钟，让整个学区的成员来到讲台，把他们记录的新闻和所撰写的评论进行播报展示，台下的学生对他们的播报进行总体评论，这样就可以激励进行播报的学生，让他们以后做得更好，成为"爱心智慧君"。

如七年级（5）班学生播报的时事新闻："2015年11月1日的新闻《大黄牛过马路遇车祸、同伴不离弃》——2015年11月1日，在香港，一头黑色的大黄牛与同伴在马鞍山路过马路时，被一辆四驱车撞倒，它的右前脚被撞断，倒在路中间，同行的牛不离不弃，不时用脸推搡着同伴的尸体，发出悲哀鸣叫，场面让人心酸。"学区中每个学生都对这则新闻进行了评论。学生1："何止人类有感情，动物也有真情！当其他的牛为死亡的牛哀号时，我们的心又何尝不在哭泣呢？我还记得看到过一篇文章，就是一只牛妈妈在极干旱的地区拦住一辆水车，任主人将它打得皮开肉绽也不肯离开，直到它的孩子过来喝水它才离开，多么让人百感交集的画面！同时，我也觉得是我们的交通出现了问题，我们知道，牛的行走速度是比较慢的，它们基本不会突然冲出来，应该是车子没有让牛过马路。所以，我们的司机应该要人性一点，为动物让路。"学生2："作为动物，同伴受伤后能做到不离不弃，可是我们人呢？出现了多少行人跌倒或者被撞倒，路人冷漠地观看却不去扶的现象呢？对于这样的现象，难道我们不应该感到悲哀吗？不应该感到脸红吗？不应该受到良心的谴责吗？我们要强烈反对这种不扶摔倒老人的现象，要向牛的这种关心同伴的行为学习。"学生3："动物之间的感情或许比我们人类的感情要深厚、要真诚、要简单。我们人类要学习动物之间的这种深情厚谊，这样我们的世界才会和谐安宁。"

虽然他们只是七年级的学生，可是他们却能从不同的角度对这一则新闻进行评论，从动物的行为中想到人类，呼吁人类学习动物之间的这种情谊，对这种行为深深地赞赏，彰显了他们的爱心和智慧，也使他们成为真正的"爱心智慧君"。

二、写视频观后感，让学生成为"快乐学习君"

北师大版教材七年级上册的第2课是"学习的理由"，我在想应该如何上好这节课呢？是按照同事做的课件来上，还是自己来讲呢？我为此犹豫不决。可是，我相信，如果我只是用苍白的语言说教的话，学生一定没有兴趣。为了达到上课的目的，即让学生能从内心真正认识到学习的重要性，在以后的学习中能够真正地做到主动认真地学习，就一定要想方设法使他们从内心受到震撼。为此，我从微信上找到了这个视频，就是"'开学第一课'奥巴马开学日演讲"，我被他的讲话深深地吸引了，相信学生看后也一定会深受启发，于是决定在课堂上给学生播放这个视频。我没有按照上常规课那样，从"是什么、为什么、怎么办"等方面进行讲解，而是换了一种上课的方式，那就是先让学生观看这个视频，然后写观后感。在看之前，我要求学生边看边记下视频中奥巴马演讲中令自己印象深刻的关键词，看完后用记下的关键词写一篇观后感。看视频大概15分钟，剩下的25分钟就写观后感，学生们都很认真，写得很好。特别是他们对学习的重要性和如何学习有了很深的认识，不用老师说教，学生也能成为真正的"快乐学习君"。

下面是一位学生写的观后感：

今天我们思想品德老师放了一个视频，是"'开学第一课'奥巴马开学日演讲"，看完视频后我深深地受到了启发，给我印象最深刻的是"责任""勤奋""坚持"这几个词。

我们要尽好自己的责任，对自己负责，上课认真听讲、认真地做记录、认真地写作业。要对集体负责，为集体做力所能及的事，增强集体的凝聚力，为集体贡献自己的力量。要对老师负责，要尊敬老师，也许我们不喜欢这门科目，但还是要尊敬老师，礼貌待师，因为奥巴马说了，我们依然要让自己适应老师，适应班集体和学校。我们也要对家长负责，我们的父母很辛苦，为了送我们进这个学校，要交很多钱，我们要体谅他们、理解他们，认真学习。我们还要对社会和国家负责，长大后做一个对社会和国家有用的人。

奥巴马还说到了要"勤奋"，并且举了很多名人的例子，如迈克尔·乔丹、贾斯敏、安多尼和香特尔等，只为同中学生们说明最简单的道理——"你的未来，并不取决于你现在的生活有多好或多坏，没有人会为你编排好你的命运，你的命运由你自己书写，你的未来由你自己掌控"。学生说："要勤奋，要勇往直前，不退缩，要立志，要有目标，要对自己、对国家的未来负责。我们要在求学的道路上走得更加坚定，无论遇到什么困难，都要想到还有比你更艰难的，要相信你为自己定下的目标付出艰苦卓绝的努力，因为没有人可以随随便便成功。我们要记住，哪怕现在表现不好、哪怕现在失去信心、哪怕你觉得身边的人都已经放弃了你，你也永远不要放弃自己。因为当你放弃自己的时候，你也放弃了自己的国家。我们也要担起自己的责任。总而言之，成功不是偶然的，它需要汗水的灌溉。作为一名中学生，我们只有做到拥有一颗责任心，勤奋地向着目标坚持不懈地努力，才对得起'学生'这个称号。"

看完这样的观后感，我深深地被他们的文采折服了。对于为什么要学习，还需多讲吗？他们已经从这个视频中得到了答案，我相信，他们以后一定会成为真正的"快乐学习君"。

三、做自我形象设计，让学生成为"生活幸福君"

当今社会有一个时髦的词是"幸福感"。那么，什么是"幸福"？有人说："幸福是一种感觉，幸福是一种味道。这种感觉和味道能看得见、闻得到、听得清，但是幸福是要自己创造的。"这句话一点也不假。我们就是要教会学生亲自创造它，伸手握住它。而对于七年级学生来说，该如何创造幸福、抓住身边的幸福呢？我想至少可以从一个方面做到，那就是进行自我形象设计——"我真棒，自我形象设计"。

我先让学生上网搜索下载自我形象设计的格式模板、图片等素材，并给出明确要求，那就是：①设计合理、图画精美、要体现创新；②内容包括"自我介绍，我的生日，我的爱好、特长，我的偶像及崇拜的原因，我以后要从事的职业及梦想，父母眼中的我及对我的期待，老师、朋友、同学眼中的我及对我的期待"；③设计要求："自我介绍，我的生日，我的爱好、特长，我的偶像及崇拜的原因，我以后要从事的职业和梦想"，这几个方面由学生按照自己的实际情况进行填写，其他的如"父母眼中的我及对我的期待，老师、朋友、同学眼中的我及对我的期待等"，由家长、老师、朋友、同学进行填写。可以使用电脑制作出新的模板，打印成彩色，然后请家长、老师、同学、朋友在设计模板上填写。最后在班上进行自我形象设计的展示，并按照自己的形象设计中填写的特长进行才艺表演。

作业布置下去之后，发校讯通给家长，邀请家长参与并积极配合，在周末要求家长能够给予孩子半小时的时间上网，学生非常积极主动、热情高涨地做这件事情，上交的形象设计作业图文并茂、精彩异常。接下来就是进行评比，先在学区内评比，评出学区第一名，然后在全班评比，再由每个学区评出的第一名进行学区之间的评比，最后评出各种奖项，如"最佳设计奖、最有创意奖、最可爱奖、最佳梦想奖"等。让学生在每节课的前几分钟上台进行才艺表演，使每个人都有机会展示自己。

这样布置作业，既能够调动学生的积极性，又可以加强集体建设，增强学区共进体的凝聚力，还可以培养学生的动手能力、创造能力，让学生感受个人形象设计的魅力，树立中学生的良好形象，发展他们的良好个性，培养他们的审美感知、创新意识、想象力和美化生活的能力，增强他们的自信心和幸福感，做"生活幸福君"。

总之，"互联网+"不是一个简单的相加，加完之后一切都会发生改变，互联网是刀、是斧、是锯，它会将原来的一切都分解成碎片，再以互联网为中心重新组建起来，使其成为新的体系、新的结构。"互联网+"的本质就是碎片与重构，"互联网+教育"的结果将会使未来一切的教与学活动都围绕互联网进行，教师在互联网上教，学生在互联网上学，信息在互联网上流动，知识在互联网上成形，线下的活动成为线上活动的补充与拓展。因此，利用"互联网+作业"，能让学生成为"爱心智慧君""快乐学习君""生活幸福君"。

优秀影视作品助力道德与法治课堂，"秀"出课堂新滋味

电影电视剧是形象的艺术，在当今世界的诸多艺术中，它们最能准确地反映客观事物的形体、色彩、运动和声音，从而给人以最强烈的生活真实感，有着无与伦比的艺术魅力，可以将学生带入一个电光形声兼备的课堂，以具体、生动的形象感染学生，让学生在轻松愉快的学习环境中主动探索、积极进取，给学生留下深刻的印象。本文主要从四个方面进行阐述：巧用电视剧导入，让学生学习"兴趣盎然"；妙用电视剧设问，让课堂生成"精彩纷呈"；趣用电视剧讲题，让练习讲评"与众不同"；精用电影来结尾，让情感升华"水到渠成"。

一、巧用电视剧导入，让学生学习"兴趣盎然"

俗话说"兴趣是最好的老师"，如何调动学生的学习兴趣，不同的老师有不同的方法。我在执教北师大版九年级的"强化文化认同"一课时，对于如何导入这一问题进行了思考，想到热播的韩剧《太阳的后裔》，我灵光一闪：这不就是最好的导入材料吗？于是，我问学生，看过《太阳的后裔》的同学请举手。不出所料，80%的学生都喜欢看韩剧，学生们在下面交头接耳，兴奋不已。我趁机抛出问题："同学们，你们为什么喜欢看韩剧呀？"他们议论纷纷，都想表达自己的想法，课堂气氛很活跃，于是我趁热打铁，抛出第二个问题："你们对国外电视剧和电影大量涌入我国这一现象怎么看呢？"学生回答："国外的大片好看、刺激、技术高，让我们大开眼界。"也有学生说："国外的电视剧和电影带来了大量的文化信息，满足了我们日

益多样化的文化需求，充实了人们的精神生活，开阔了人们的视野。"我又问了学生们对国产影视作品的看法，学生们回答了落后、技术含量不高等。于是我就做出如下归纳：外来文化确实给我们带来了很多优秀的文化信息，但是也对我们的文化构成了严峻的挑战，而我国也有许多优秀的影视作品，我们应该增强文化认同，继承和弘扬我国的优秀传统文化，今天我们就来学习"强化文化认同"。这样的导入自然又充满趣味，巧用电视剧导入，让学生"兴趣盎然"。

二、妙用电视剧设问，让课堂生成"精彩纷呈"

有人说："高效的课堂是理想课堂，要想达到高效，必须先有效。"要达到有效教学，还体现在问题设计有梯度、有层次上。课堂上设计的问题应贴近学生生活，具有开放性，且要有助于生成问题，要具备"四性、三度"，即"层次性、生活性、开放性、生成性"和"深度、广度、参与度"。而要设计这样高水平的问题，必须找好情境材料。

学校一位教师在执教北师大版七年级"自信与人生"一课时，为了讲解自信的有关知识，以热播的优秀国产电视剧《琅琊榜》作为情境材料，先是让学生去看剧情介绍，了解故事发生的背景，再让他们认真观看电视剧的第二十八集，然后让学生情景表演、提出问题、合作探究。

问题一：三位皇子的言行分别体现了什么样的心理？

问题二：请你们说出这三种心理有什么区别。

问题三：请你们说说皇帝最后可能派谁去，为什么？

问题四：请你们讨论这三种心理对他们的人生会有什么影响。

学生准备了表演的道具，进行了活灵活现的情景剧表演，并针对上述问题开展了小组之间的合作探究。他们的讨论如火如荼，特别是对于第四个问题，学生们的回答也是精彩纷呈。如："自信是好事，但是要根据自己的能力，只有自信没有能力也没用，那就变成自负了。""自负就是自信过度的表现，也就是好高骛远，信心远大于能力，短期内在事业上会取得一定的进步，因为你有信心就会去好好做，但是时间长了就会暴露出能力不足的问题，这样就会影响到事业本身。""自卑是信心不足的表现，自己都看不起自己，就别指望别人以及领导会看得起你，自卑的人基本不会有好的发展，因此，有能力又不自负的人，才会成为人生的赢家。"还有的学生答道："不一定，一切皆有可能，如果自负的人能够听取他人的意见，也可能会变得自信，自卑的人也有可能变得自信。"最后教师总结：自信是人生成功的奠基石，一个人的成败关键就在于心中有没有自信。只有自信才可以释放人的力量。自信是一种伟大的力量，相信自己是成功的第一秘诀。自信对于我们的人生、学习、生活都有非常重要的意义，我们要做一个自信的人。

通过热播电视剧《琅琊榜》进行精巧的情境设置和惟妙惟肖的情景表演，既体现了故事的趣味性，又体现了时代性，让学生兴趣高涨，碰撞出了思维的火花。对于自信、自卑、自负的含义及表现、区别和意义等都有了更为深刻的认识，比起教师按部就班地讲解，其效果可见一斑。

三、趣用电视剧讲题，让练习讲评"与众不同"

今天要讲练习了，有一道关于扰民的问题，如何才能讲解得有效又有趣呢？我想到了看过的一部热播电视剧《欢乐颂》，我先不讲题，而是在学生中做了一个调查，问："你们看过《欢乐颂》吗？"有一半以上的学生举手说看过。我说："好，那我问问大家，《欢乐颂》第一集中的曲筱绡深夜开派对，2002房间的小邱和樊胜美做了什么事？"他们回答："小邱上门劝说，要他们小声一些。"我又问："她应该用什么知识去劝说她呢？"学生回答："用法律知识。"我又问："用什么法律知识呢？"学生回答不出来，这时我告诉他们，可以用"权利与义务的一致性"来劝说。我又问："樊胜美做了什么？"学生回答说："打电话找物业，让物业上来劝说。"然后我把"找物业或者是居委会"写在黑板上，这时已经找到了维权的两种方法。可是还有其他方法，我又问：2001的业主安迪又做了什么事呢？学生争先恐后地回答说："先用一个测试噪声的软件测了噪声，看超过了多少分贝，然后打电话报警。"我又把打110报警写了上去。我继续追问："如果说曲筱绡还是不听劝说，那么她的邻居还可以做哪些事情呢？"学生马上回答："可以到人民法院提起诉讼。"我接着又写上"到人民法院提起诉讼"。至此，学生对于在扰民问题上如何维护自己的合法权益已经掌握得很清楚了。学生的学习积极性非常高，效果也非常好，掌握了维权的一些具体方法，我相信这样的练习讲解一定会让他们印象深刻。

四、精用电影来结尾，让情感升华"水到渠成"

新课程标准要求：思想品德课程以社会主义核心价值观体系为导向，旨在促进初中学生正确思想观念和良好道德品质的形成与发展，为使学生成为有理想、有道德、有文化、有纪律的社会主义合格公民奠定基础。新课标把对中学生情感态度与价值观的培养列为首要目标，是贯彻素质教育要求的体现，道德与法治课更应重视情感态度与价值观目标的落实，在学生成长和人格塑造方面发挥重要作用。

如何达成情感态度与价值观的培养目标，不同的教师有不同的方法，但我要说的是运用优秀影视作品来结尾也可以实现情感态度与价值观的目标，让学生的情感升华"水到渠成"。

我在执教北师大版八年级上册"珍爱生命"一课时，对于如何结尾能够达到情感升华的目的，让学生真正能够珍爱自己的生命做了思考。我想用一部感人的电影《滚蛋吧！肿瘤君》中的精彩片段来导入，相信会比我的说教效果好很多。于是，在课堂结束前的最后10分钟，我让学生观看了电影的精彩片段，让他们说说感受。看完后，很多女同学已经是泣不成声了，她们都是哽咽着说出自己的感受："熊顿是一个乐观的女孩子，她得了癌症却没有放弃，我们身体健康，还有什么理由不努力呢？""在别的病人因为身患疾病而闷闷不乐时，她总能让自己开心起来，也在这条路上让人看不到对癌症的恐惧和痛苦，只是从她的乐观心态和爽朗笑声中仍会感慨为什么老天这么不公平，我们要珍爱生命，让自己健康地生活下去。""女主人公对待癌症的态度让人敬佩，她没有畏惧那可怕的肿瘤，只是把她当作人生中的一件不起眼的小事，而如何快乐地面对每一天才是最重要的事。没错，不开心也是一天，开心也是一天，为什么不开开心心地度过每一天呢？作为健康人的我们又有什么理由对生活抱怨连连、自怨自艾呢？""趁着还年轻，我们不要过碌碌无为的生活，而要过自己真正想要的生活，想做什么就去做，不要给自己留遗憾。人不能因为有一天会死就不想活了，更不能因为害怕失去就不去拥有。""很多话要说出来才过瘾，不说就永远憋在心里，别人不知道，自己也不好受。生老病死的规律如同音乐，早已在我们出生的那一刻响起，无论是伴奏或舞蹈的模式，我们都无法选择，一如我们生活的环境和经历。

迷惘也罢，逃避也罢，失望也罢，到最后还是要面对，生活还是要继续。愿我们在有限的生命里，都有机会像剧中被熊顿解开的红袋子一样，可以不被束缚，迎风飞扬。"这样的感受会让他们铭记终生的。

总之，随着教育信息化的发展，传统的思想品德教学方法已经不能完全适应学生的发展需要。让优秀影视作品助力道德与法治课堂，不仅适应了时代潮流，也在一定程度上体现了影视作品的价值。让更多的优秀影视作品助力道德与法治课堂，"秀"出课堂新滋味吧。

参考文献

周莹.浅析优秀影视作品对学生思想政治教育的运用［J］.太原城市职业技术学院学报，2015（6）.

有学——让我不断进步

用正能量浸润学生发展核心素养

——《道德与法治》教学培养核心素养的路径

2016 年9月，中国学生发展核心素养的官方解读正式发布，根据北师大等多所高校历时三年的研究成果，学生发展核心素养主要是指学生应具备的，能够适应终身发展和社会发展需要的必备品格与关键能力。核心素养是关于学生知识、技能、情感、态度、价值观等多方面要求的综合表现；是每一名学生获得成功生活、适应个人终身发展和社会发展都需要的、不可或缺的共同素养。中国学生发展核心素养以培养"全面发展的人"为核心，分为文化基础、自主发展、社会参与三个方面，综合表现为人文底蕴、科学精神、学会学习、健康生活、责任担当、实践创新六大素养，具体细化为国家认同等十八个基本要点。

那么，如何培养学生的核心素养呢？仁者见仁，智者见智。有人说：培养学生的核心素养，首先要将学生发展核心素养培育反映在教育的一切活动与过程中，反映在课程、教学、课堂、活动、文化中，进行系统的链式设计。其次要增加培育学生发展核心素养的教育多样化供给，用丰富多彩的课程资源为核心素养的转化提速增效。最后要推进各种教育资源跨界融合，提供学生发展核心素养生成的"立交桥"和"结构模"。这些说法都很有道理，结合上述观点和自己在教学中的实践，我认为在道德与法治教学中可以用以下方式培养学生的核心素养，那就是"用传统优秀故事浸润学生人文底蕴；用网络人物讲话激励学生学会学习；用道德模范事例让学生感悟责任担当；用好数学新解成语促进学生健康生活"。

一、用传统优秀故事浸润学生人文底蕴

"人文底蕴"主要是学生在学习、理解、运用人文领域知识与技能等方面所形成的基本能力、情感态度和价值取向，具体包括人文积淀、人文情怀和审美情趣等基本要点。我认为，用传统优秀故事就能浸润学生的"人文底蕴"。

中华文明以五千年的传统文化为立国之基，泱泱版图，千年不息，传统文化是根。炎黄子孙改造世界的杰出成就，古代圣贤敲钟问响的无穷智慧，历代先哲察己省身的心得感悟，都给我们留下了极其丰富而弥足珍贵的传统文化资源。正是传统文化推动了历史的发展和文明的进步。目前，经济的繁荣和信息的膨胀伴生了一些腐朽、没落的思潮，功利与实用盛行，焦灼与浮躁并存，充斥在中学生视野的也大多是动漫、游戏、网络小说、时尚读物等，它们所带来的是更为直接的感官愉悦，缺乏真正文化意义上的文治和教化作用。现代社会，学生的人格发展存在缺陷，合作共处的能力较差，部分学生头脑中还存在着拜金主义、享乐主义思潮等，部分学生更是以身试法，走向犯罪。这都与传统文化的缺失有关。因此，在道德与法治教学中大力弘扬我们的优秀传统文化，让中华优秀文化融入学生核心素养的优秀基因，努力提升学生的人文底蕴。

课堂伊始，学生有些吵闹，怎样才能让学生安静地听课呢？我想到了在微信朋友圈看到的一个故事《望族的家训——言宜慢、心宜善》，发现可以借此培养他们的人文积淀。于是，我跟学生说："今天，老师送给你们一个宝贝，这个宝贝人人都可以拥有。它让山东琅琊王氏家族跨越了许多劫难，经受住了各种考验，从东汉至明清1700多年间，培养出了36个皇后、36个驸马、35个宰相（《二十四史》中有明确记载），成为中国历史上最为显赫的家族，被称为'中华第一望族'。"学生们都显示出好奇的样子，问道："老师，是什么呀？金子吗？钻石吗？古董吗？你说是宝贝，人人都可以拥有的，那就不是宝贝了吧，不是说物以稀为贵吗？"我朝他们神秘地笑笑，说："老师可不富有，不是金、不是银，可我的宝贝是无价之宝，它就是六个字。"学生们面面相觑，一副不相信的样子。于是，我慢慢地写出了"言宜慢、心宜善"，学生们不以为然。

有学——让我不断进步

119

我问他们："为什么要做到'言宜慢'呢？你们来说说。"学生说："病从口入、祸从口出""说话不好听容易得罪人""会导致人际关系紧张，不利于事业的成功""会让人讨厌"……大家说得都有道理，因为说话是一个人智慧的表现，特别是年轻人，由于人生经验不足，经常在说话上吃亏。俗话说"一言可以兴邦，一言可以败国"，可见说话是多么的重要。说话是一门艺术，一定要谨慎。历史上因为说错话而得罪人，甚至付出惨痛代价的事件不胜枚举。说话时要经过认真思虑再出口，这样可以让我们变得更加谨慎、稳重和冷静，成就我们成熟大气的人格；学生也一样，不论是上课还是与人交流，说话都要三思而后行，不能想说什么就说什么，一定要考虑说话不当的后果。

为什么要"心宜善"呢？学生说："善良是最为宝贵的品质之一，善良的人最易获得友谊与朋友。"我说："你们说得有道理，与人为善，必有福报，心善的人最易获得友谊与朋友，他人也更愿意帮助他。《道德经》上说，'天道无亲，常与善人'。中国还有一句名言：'行善最乐'，当我们做了一件不好的事时，心中会不安和忧虑。但是当你真正无条件地行善时，自然会非常快乐。"

"言宜慢、心宜善"，不论何时，都应该做到这六个字，这样才能深思熟虑，少犯错误，少树敌手，受人尊崇。这六个字看似简单平淡，却包含了古人做人做事的道理，从中我们能看到仁爱之心、进退之道，能做到这六个字，就拥有了成熟大气的人格。

二、用网络人物讲话激励学生学会学习

"学会学习"是核心素养中的重要内容，主要是指学生在学习意识形成、学习方法选择、学习过程评估调控等方面的综合表现。具体包括"乐学善学、勤于反思、信息意识"等基本要点。如何培养学生核心素养中的学会学习呢？我认为，在道德与法治教学中用网络人物讲话可以激励学生"学会学习"。

春节后的开学第一课该怎么上呢？我看到了网络上流传的随州二中校长的开学演讲"不读书、不吃苦，你要青春干吗"。随州二中王桂英校长在新年开学之际，给在校学生上了一堂生动的课，也体现了老师对学生的一番良

苦用心。

其内容引用了大型电视连续剧《芈月传》中女主角拍剧的辛酸历程，还引用了一些网络流行词汇，以及相关的名人等。通过诸多成功案例抓住了学生的心，并提醒他们"不读书、不吃苦，你要青春干吗"，可谓"对症下药"。特别是讲到了著名作家在书中的话："我要求你读书用功，不是因为我要你跟别人比成就，而是因为，我希望你将来拥有更多选择的权利，选择有意义、有时间的工作，而不是被迫谋生。"

看到这里，我心中很是兴奋，决定把这篇文章读给我的学生们听，相信对他们一定会有激励作用。于是在开学第一课，我没有讲新课，而是声情并茂地朗读了这篇文章。其中，几次被学生的掌声所打断，我自己也有些热血沸腾。读完之后我让学生谈感受，学生都纷纷表示在新的一年中一定要有新的表现和新的突破，一定要努力学习，不为别的，只为自己有更好的选择的机会。同时，我也把"青春最好的营养就是刻苦"这句话送给他们，希望他们真的能在以后的学习和生活道路上做到认真读书、吃苦耐劳，真正懂得学习的重要性，学会学习。

三、用道德模范事例让学生感悟责任担当

"责任担当"主要是学生在处理与社会、国家、国际等关系方面所形成的情感、态度、价值取向和行为方式。具体包括社会责任、国家认同、国际理解等基本要点。我认为，在道德与法治教学中用道德模范事例可以让学生感悟自己的"责任担当"。

每年都有感动中国人物的评选，而这正是我们的精神食粮，也正是核心素养培养的最好契机。我发现，学生之所以会在学习模范事例中不断地受到感动，最主要的还是因为这几年的《感动中国》获奖者中平民百姓明显增多，他们很多人都是在日复一日的坚持和坚守中实现了一种伟大，因此更具有感动的力量。

所以，每当《感动中国》播出后，我都会用一节课的时间给学生们看感动中国人物的颁奖典礼，再让学生谈感受。学生会说出很多的想法和感受，往往会有意想不到的收获。

有的学生说："谁说人间没有真爱，谁说社会缺乏信任，谁说物质高

于一切，谁说中华传统美德已经沦丧？'2015年度感动中国十大人物'完美地诠释了'仁义礼智信，忠孝廉耻勇'的真谛！他们身上的美德让我感动和敬佩，值得我们好好地学习。我们要学习'忠于自己的祖国，忠于自己的工作，舍弃小家为大家的'中国核潜艇之父'的爱国情怀'。"有的学生说："感动中国让我们知道人应该懂得关爱和感恩，懂得坚强和坚持；感动中国激励我们年轻人前行和进步；千言万语，汇成一句话：感动就在我们身边，感动一直在传递着和发扬着，相信和期待更多的爱与梦想被点亮，愿好人一生平安。我们要向'抗击困难、挫折和病痛，把拼搏精神如钉子般砸进人生、点燃几代青春，唤醒大国梦想的中国女排总教练'学习，学习她的拼搏精神。我们还要学习'青蒿一握，水二升，浸渍了千多年、帮人类渡过一劫的诺贝尔奖获得者'，向世界证明我们能行。我们要学习年轻帅气的'摘下生命软管，那肩膀上剩下的只有担当的好战士'的勇于担当的责任。学习专门帮助寻找被拐儿童的志愿者的'老吾老以及人之老，幼吾幼以及人之幼'的关爱他人的精神。"还有的学生说："生活中，许许多多的人用自己一点一滴的小事感动着我们，也感动着他人。生活中从来就不缺乏感动，只不过是在繁忙的学习生活之中，我们忘记了用发现美的眼睛去发现这些让我们的内心能为之震撼的感动事迹。用心去看世界，去发现细节的感动吧！""善良、正直、乐于助人，坚强、奉献、吃苦耐劳！我要净化自己的灵魂！当网络上炒作国人素质低下、缺乏精神传承时，每年的感动中国人物就是一个响亮的回答，他们是引领时代风尚的先锋，是社会主义核心价值观的坚定践行者。""人的一生总需要一些力量，有力量支撑的灵魂才是充实和富有的，我们不一定要去感动别人，但我们需要拥有一种力量，去实现自己的志向，去支撑自己坚定自信地实现自己的梦……"

四、用好数学新解成语促进学生健康生活

"健康生活"主要是学生在认识自我、发展身心、规划人生等方面的综合表现。具体包括珍爱生命、健全人格、自我管理等基本要点，拥有健康的生活是拥有幸福生活的基础。而帮助学生过积极健康的生活，做负责任的公民是道德与法治课程的核心，因此，我们道德与法治课就要让学生通过学习，提高自身素质，加强自身修养，过积极健康的生活，懂得认识自我、发展身

心、规范人生。我认为，在道德与法治教学中用好数学新解成语可以促进学生"健康生活。

有个班的学习风气和学习习惯不太好，有一些散漫的作风。我想利用网络上看到的一些成语新解来对他们进行教育，于是对他们说："同学们，今天我们来上数学加语文课。"学生们马上惊讶地看着我，问道："老师，你今天是发烧了吗？你还会上数学课？你还会教语文？"我说："我没有发烧，是发疯了！"学生们非常吃惊地看着我。我在黑板上写下了"0+0=1，1×1=1，0000、333555、1÷100、3322、2233、23456789、12345、5、10、1=365、1/2、1=2=3、3.5……"，请他们发挥想象，说出这些数字对应的成语，进行数学新解。学生们七嘴八舌、热烈交谈，争先恐后地回答："无中生有、无所事事、一成不变、一无所有、四大皆空、三五成群、一五一十、百里挑一、接二连三、三三两两、三心二意、七上八下、缺衣少食、屈指可数、一分为二、不三不四……"他们的思维打开了，他们兴奋极了，说出了很多成语。停顿了一会儿，我语重心长地对他们说："同学们，你们在这里学习，每天的生活可能是一成不变的，不要浪费宝贵的青春，不要三五成群地讲话、聊天、放纵自己，也不要每天三心二意、三天打鱼两天晒网，不要整天无所事事地玩手机。青春就是用来吃苦的，不然三年、五年、十年过后，你们可能会变得一无所有。由于没有学会一技之长，有可能会变得缺衣少食。老师希望你们创造奇迹，希望你们有创新精神，能够做到无中生有，在学习生活中有所创造与发明，让自己变成屈指可数的精英，让自己成为百里挑一的佼佼者，让自己的人生不留遗憾。"说完后，学生给了我雷鸣般的掌声，他们表示一定要好好学习、好好反思，过积极健康的生活，做负责的好公民。

总之，培育学生的核心素养已成为当前教学改革的必然要求，在道德与法治课上用正能量浸润学生的核心素养也取得了较为明显的成效。但是要真正地把培养学生的核心素养落到实处，不能仅仅是一句教育口号，更应成为所有教师特别是道德与法治课教师共同的实践行动。

借"漫画解说"，育核心素养

——道德与法治课教学方法探索

在道德与法治课教学中运用漫画，能给课堂增添活力，因为漫画极富趣味性和幽默感，能营造"乐学"的学习环境，能唤起学生的注意力，激发学生的学习兴趣，点燃学生的激情，引起学生的共鸣，启迪学生的思维，从而达到一种美的升华，进而更好地培育学生的核心素养，使他们成为课堂的主人。

一、收集漫画，"千淘万漉虽辛苦，吹尽狂沙始到金"，提高信息意识

信息意识指的是能自觉、有效地获取、评估、鉴别、使用信息，具有数字化生存能力，主动适应"互联网+"等社会信息化发展趋势，具有网络伦理道德与信息安全意识等。

俗话说："巧妇难为无米之炊。"要解说漫画，首先要有与课本知识相结合的漫画，而在找适合课堂内容的漫画时，我通常会以小组合作的方式进行，让学生分工合作，其中A、B两个人收集与课题相关的漫画，另外两个人C、D进行解说，E、F两个人进行组内的漫画点评。网上的漫画很多，到底如何才能找到想要的漫画呢？我告诉他们要先在网上输入相关的词语，点击图片，就可以在海量的漫画中找到相关的漫画。但是网络上的漫画良莠不齐，教师就要引导他们寻求既生动形象又符合教材内容的漫画，提高学生的信息意识能力，提高辨别是非的觉察能力和抵制各种诱惑的能力。

比如，在上七年级道德与法治课"认识自己"一课时，我就提示学生在

网络上搜索"认识自己的漫画"，结果搜索出了很多，但是其中有不符合教材知识的，于是我又指导他们在搜索栏中输入"不能正确认识自己的漫画"的关键词，这时候就有了更多符合教材知识的漫画，因此，学生就从中选取了两幅符合题意的漫画《小鸡和小鸭》《我好笨呀》。一幅是只看到自己的优点，看不到自己的缺点；另一幅是只看到自己的缺点，看不到自己的优点，都不是正确认识自己的表现。学生把这两幅漫画复制、粘贴在文档中，把它们交给另外的四个成员进行解说和评析。

我还经常给他们提供一些好的材料，比如《中国教育报》上的一些漫画。当然，教师需要精心选择或者指导他们去选择。

二、自评漫画，"横看成岭侧成峰，远近高低各不同"，培养审美情趣

审美情趣指的是具有艺术知识、技能与方法的积累；能理解和尊重文化艺术的多样性，具有发现、感知、欣赏、评价美的意识和基本能力；具有健康的审美价值取向；具有艺术表达和创意表现的兴趣与意识，能在生活中拓展和升华美；等等。

学生找到了与课本相符的漫画，接下来就要评析漫画了。如何结合教材知识评析漫画呢？我对他们提出了评析漫画的要求：第一，为漫画拟一个标题；第二，介绍漫画内容（对漫画进行详细生动的描述，有什么人，他们在做什么事情，用上成语或优美词语、比喻等修辞方法，生动形象地进行描写，约200字）；第三，讽刺了什么，赞扬了什么；第四，总结提炼出我们有什么启示；第五，根据漫画，写一句有哲理的话，或者加上有关的名人名言、古诗词，或者有关的法律法规；第六，用电脑完成，做成课件待课上进行解说（500～1000字）。

如在教学北师大版八年级下册第2课《磨砺坚强意志》一课时，学生所做的漫画解说《钻石在哪儿》：这则漫画描述了一个挖钻石的人凿山取钻石的故事。第一次挖到了五分之一就不挖了，心想："好累啊，挖了那么久都没有看到一颗钻石，这里肯定没有钻石。去另一个地方挖吧。"就这样，他重复了一遍又一遍，很快就能挖到钻石了，可还是在最后关头放弃了。这时他拖着沉重的铲子，大汗淋漓，边擦汗边疑惑地问道："哪儿有

钻石呢？"

这则漫画告诉我们要磨砺坚强意志，持之以恒地做一件事，而不能轻言放弃，在挫折面前不能退缩，完成目标时要善始善终，不错失良机。

那么，我们为什么要磨砺坚强意志呢？乔·贝利说过："有了坚定的意志，就等于给双脚添了一双翅膀。"意志是人重要的个性与心理品质。坚强意志对一个人的健康成长和事业成功起着关键作用。它能让人们在逆境中取得成功。人生难免遭遇挫折和逆境，从小培养自己的坚强意志，有助于战胜困难、克服弱点、成就人生。坚强意志是坚定人生目标的保障，是克服困难、获得成功的必要条件，有利于我们形成良好的习惯。坚强意志是健康人格的重要组成部分，是战胜困难、克服弱点、取得成功的保证。意志薄弱者，会在挫折和失败面前退缩，不易成功；执行目标不能善始善终，会丧失成就人生的良机。意志品质有强弱之分，但没有大小之分，我们要磨砺坚强意志，获得成功人生。

孟子说过："富贵不能淫，贫贱不能移，威武不能屈。"那么作为青少年的我们，要如何磨砺坚强意志呢？我们需要制定明确的目标和计划；要持之以恒，善始善终；要培养良好的行为习惯。要培养自我控制、自我调节的能力。要提高行动的自觉性、果断性和坚韧性，增强自制力。我们要在战胜挫折的过程中磨砺意志、在不懈追求目标的过程中磨砺坚强意志。要主动迎接挑战，在实践中锻炼意志品质。加强自我管理和约束，从小事做起，从现在做起。面对挫折冷静思考，保持积极的情绪状态，分析原因，寻找解决办法，不屈不挠，最终走出困境，成为生活的强者。生活中难免遭遇挫折，不同的人对待挫折的态度不同。面对困难，不气馁，不回避，笑对挫折，勇于担当，以乐观的态度克服困难，在逆境中愈挫愈勇，才会逐渐磨炼出坚强意志。我们应当自觉并有意识地锻炼和培养自己面对挫折的心理承受力，当挫折来临时勇敢面对，使人生之船战胜惊涛骇浪，驶过激流险滩，到达理想的彼岸。

在生活中我们不免会遇到挫折，不同的人对待挫折的态度却大不同。"三军可夺帅也，匹夫不可夺志也。"我们要明确目标是我们前进的动力。目标一旦认定，便要义无反顾地坚持和努力。同时，对有助于目标实现的建议和批评也应虚心接受。实现目标和理想的过程，也是意志品质得到培养和锻炼的过程。

三、互评漫画，"一枝独秀不是春，百花齐放春满园"，增强批判能力

核心素养中的"批判质疑"指的是学生要具有问题意识；能独立思考、独立判断；思维缜密，能多角度、辩证地分析问题，做出选择和决定等。要想让学生有所创新和发展，就要培养他们的批判质疑能力。在道德与法治教学中培养学生的这个能力，重要途径之一就是利用互评漫画的方式。

先由学生利用课前5分钟，将做好的漫画解说内容做成PPT，面向全班同学进行展示，其他同学对他的解说进行点评。可以从以下几个方面进行评析：①讲解的内容是否与课题相结合？②对漫画的描述是否生动形象，是否能够引起学生的共鸣？③语言的表达是否流畅，且具有感染力？④台风是否镇定自若？⑤讲解是否按要求多角度评析？⑥如果是我来解说，还可以从哪些角度进行评析？对以上要求，我要求学生站在讲台上面向全体学生脱稿讲解。这种方式可以更好地培养学生的表达力、观察力、判断力、思维力和质疑力。

例如，学生在对八年级下册第5课"暴力影响生活"中的漫画《校园暴力》进行互评时，解说学生从"是什么、为什么、怎么办"三个方面进行详细解说时，有学生马上进行点评："首先这位同学进行的漫画解说与课本知识的暴力影响生活结合得很紧密，甚至可以说是天衣无缝，理由是这样的校园暴力事件经常发生，并且我们在电视和网络媒体上也经常看到，与我们的生活密切相关，因此说这个漫画选择得比较好。其次是他的语言表达也很好，清晰流畅、生动形象。"接着又有学生进行评述："我首先肯定的是这位同学的思维很活跃，在为什么和怎么办上能够从个人、学校、社会的角度进行多角度思考。我想说的是校园暴力的产生与家庭教育息息相关。为什么会出现校园暴力现象呢？校园暴力事件的产生与学生个人、学校教育和社会环境的影响有关，但更重要的是家庭教育的缺失或者不当造成的，很多施暴甚至犯罪的孩子背后都有一个有问题的家庭。"还有学生说道："家长的法律意识和法制观念不强，不懂得自身有教育未成年子女的义务。2013年修订的《中华人民共和国未成年人权益保护法》规定，父母或者其他监护人应当

关注未成年人的生理、心理状况和行为习惯，以健康的思想、良好的品行和适当的方法教育与影响未成年人，引导未成年人进行有益身心健康的活动，预防和制止未成年人吸烟、酗酒、流浪、沉迷网络以及赌博、吸毒、卖淫等行为。而且，法律还规定，如果监护人不能尽到监护责任，则可以依法剥夺其监护权。"总之，通过互评漫画，学生的独立思考、思维能力和质疑能力得到很大的提升。

四、命题漫画，"删繁就简三秋树，领异标新二月花"，培养问题解决能力

核心素养中的问题解决指的是善于发现和提出问题，有解决问题的兴趣和热情；能依据特定情境和具体条件，选择制订合理的解决方案；具有在复杂环境中行动的能力；等等。

为了进一步深化漫画解说，提高学生解决问题的能力，我会对漫画进行命题研究，主要是结合教材针对解说的漫画进行多角度命题，并且提出解决的方案和建议。

在对八年级上册"理解公共生活"一课的漫画《可怜的共享单车》进行命题时，我要求学生根据漫画进行多角度命题，并且写出答案的思路。例如，学生命制的题目有：①上述漫画反映了什么？②为什么会出现漫画中的现象？③请你就漫画中的现象提出问题的解决方案。这是非常典型的是什么、为什么、怎么办的命制思路。还有的学生会根据材料进行更深度的命题，如：①请你对破坏共享单车的行为进行评析。②请你运用道德和法律的知识，对破坏共享单车的行为进行评析。③从保护环境的角度谈谈国家退出共享的意义是什么。④有人说："解决共享单车的问题是国家的事情，与中学生无关。"有人说："在解决出行的'最后一公里'、创造清洁城市的过程中，自行车有着无可比拟的优势，因此共享单车越多越好。"请谈谈你的看法。这样的多角度命题不仅开拓了学生的思维，也使学生提出问题和解决问题的能力大大提高了。

学生在回答"共享单车'乱停乱放、违规抢道、私自加锁、用自己的二维码覆盖原有的二维码、改装单车，破坏智能锁的'乱象"的原因时，思维活跃，能进行多角度思考。第一，从个人的角度，有些公民的个人素质不

够高，没有良好的道德修养；第二，从社会的角度，整个社会没有营造出良好的爱护共享单车的氛围，社会上存在着很多破坏共享单车的现象；第三，从企业的角度，共享单车企业投放的车辆过多，没有进行很好的跟踪服务与管理；第四，从国家的角度，国家没有针对共享单车问题制定完善的法律法规，以至于不能做到有法可依，政府管理不到位，有些街区没有划分非机动车道，单车与机动车并行。"旋风单车"成为交通安全隐患，有的城市建设快车道，推广快速公交系统，相对忽视了自行车出行的慢行配套设施。还有，短期激增的共享单车与相对落后的城市慢行交通系统之间形成了矛盾，出现了单车与行人、与机动车争抢路权的情况。

在回答"解决共享单车的乱象问题"时，学生的回答也是多角度的，具有开放性思维："需要多方面努力。第一，社会需要为其提供规范的慢行条件；第二，共享单车企业也要采取措施遏制蓄意破坏或者公车私用的行为，比如GPS定位、使用智能锁芯、推广信用评定体系、增加单车重量等，建立用户个人信用管理制度，引导用户形成良好的用车习惯；第三，单车使用者应当遵守相关法律法规，做到文明骑行、规范停放；第四，国家要出台规范共享单车的法律法规"。执法机关需要依法对违反法律法规的企业或个人进行处罚，完善用车秩序、诚信机制的建立，将自行车用户的文明信息纳入平台管理中。

总之，"借'漫画解说'，育核心素养"是对道德与法治新课程改革的一种有效探索。教学是一门艺术，对艺术的探索是永无止境的。我相信，经过不断的尝试和革新，漫画解说将会给道德与法治教学注入持久的活力，其魅力也必将持续绽放，润泽每一个人。

晴空一鹤排云上，便引诗情到碧霄

——四个"一"让道德与法治课深度学习意味深长

一、一材多"用"，让深度学习"天生我材必多用，千金散尽还复来"

在学校的学习不是发生在真空中，而是在特定情境中，情境创设是课堂教学不可忽视的环节，因为情境创设的好坏直接影响到一堂课的质量，而创设情境需要选取好的教辅材料。信息时代，信息量非常大，选取什么样的材料服务于课堂非常重要，而道德与法治课要想达到深度学习的目标，途径之一就是选取典型的时事材料并且多角度运用。我在教学中会选用相同的时政材料服务于不同内容课题的教学，以吸引学生的注意力，提高学生的学习兴趣，开阔学生的视野，促进学生思维发展，从而树立正确的人生观和价值观。

我在执教人教版七年级上册第十课"敬畏生命"时，选取的材料是"2018重庆公交坠江事件"："2018年10月28日10时08分，一辆行驶在重庆万州区的公交车，突然越过长江二桥的中心实线，撞击对向正常行驶的红色小轿车后，冲上路沿，撞断护栏，坠入江中。万万没想到，这次悲剧的祸端，竟是一位女乘客与司机发生争执并且互殴，导致了车辆失控才坠入江中。"通过这个情境材料，我设计了以下问题：①造成本次事故的原因有哪些？②我们应如何避免同类事故的发生？引导学生敬畏生命，爱惜自己生命的同时也要尊重他人的生命。浙江的一位老师在执教人教版九年级第二单元"凝聚法治共识"中也采用了相同的背景材料，创设了以下情境：声音1，某网站第一时间发布消息称，事故系红色轿车女司机逆行导致车祸。消息一出，网上对女司机的指责、谩骂、侮辱声铺天盖地。声音2，某公众号称事故系公交司机K歌到天亮导致睡着出车祸。老师设计了以下问题："对于这些声音，你怎么评价？"引导学生明确使用网络应当遵守宪法、法律，遵守公共秩序，尊重社会公德，不得制造传播虚假信息，不得扰乱公共秩序和社会秩序，不得侵害他人名誉、隐私、知识产权和其他合法权益，否则会受到有关法律和行政法规的处罚。当然，此材料还可以用于责任、规则、情绪、公平正义等内容的情境创设。同样是重庆公交车坠江事件，不同的课上却可以创设出不同的情境，设计不同的问题，解决不同的重难点，真正做到一材多"用"，让深度学习"天生我材必多用，千金散尽还复来"。

二、一音多"设"，让深度学习"别有幽愁暗恨生，此时无声胜有声"

如何进行深度学习的教学设计，才能使学生成为真正的学习者？在对新知识的展示与传授的教学设计上，应铭记这样一句话："永远不要直接告诉学生你所要传授的知识，而是要让学生始终想知道你所要传授的知识。"这样才能调动学生的学习欲望，让他们不停地动脑想、不停地动嘴说、不停地侧耳听，让学生在活动中时而目不转睛，时而目不暇接，时而手舞足蹈，始终集中注意力。设置与材料相关的主要问题让学生预测其内容，发挥学生的思维能力，使课堂进展顺利，成为培养学生理性精神、开放性意识、批判性思维和创新能力的催化剂与助推器。

在执教人教版九年级第二单元第四课第二框的"夯实法治基础"一课时，某老师用"huì"这个音精心设计了三个环节："环节一【huì】理性发声·法治社会应有之责；环节二【huì】依法行政·法治政府应有之举；环节三【huì】德法兼治·法治国家应有之义"。设计猜一猜三个环节中的"huì"字各是什么字？这个设计让学生的学习兴趣一下高涨起来了，都积极思考——读音是"huì"的字有哪些呢？学生积极回答，说有"汇、惠、慧、绘、卉、蕙、彗、烩、槥、荟"等，这时的道德与法治课变成了语文课，老师微笑地看着他们，学生争先恐后地回答，老师故意卖关子说："不用急，想要知道答案，请听慢慢分解。"老师出示第一则时政材料："事故发生第一时间，就有关于女司机的声音1：某网站第一时间发布消息称，事故系红色轿车女司机逆行导致车祸。消息一出，网上对女司机的指责、谩骂、侮辱声铺天盖地。"如果你遇到类似的事情，你会怎么做？对于这么多的声音，我们应该理性对待。因此，环节一中的"huì"字应该是汇报的汇，因为事情出现后，对于女司机的不同声音，应该是汇聚了社会上许许多多的声音。接着老师出示了另一则背景材料："事故发生后，政府相关部门进行了紧急救援、现场勘察、善后处理，第一次发布警情通报调查，核实失联人数15人，并继续搜寻遇难者、黑匣子，把失事公交车打捞出水面，第二次发布警情通报等相关活动图片和文字"，设计了以下问题："事发当天政府做了什么？政府履职的依据是什么？"学生明白了第二个"huì"指的应该是实惠的惠，指实际的好处。这里指国家和政府在处理这样的事故中所采取的惠民举措与活动，政府依法行政，实施惠民措施是法治政府应有之举。最后老师出示了另两则背景材料："2018年11月4日，湖南一大爷要求公交车在半路停车，被拒绝后在车辆高速行驶中抢夺方向盘，事后警方除了对其进行教育外，并没有进行处罚。因此，最高人民法院大法官胡云腾表示，按照现有罪名，重庆公交案很难做到罪刑适应，建议增设妨碍安全驾驶罪。重庆万州公交坠江事件的调查结果公布后，引起了全社会的广泛关注，人们纷纷对干扰公交司机的行为进行严厉谴责。与此同时，两年前发生在武汉610路公交车上的这则'旧闻'再次出现在公众面前。2018年11月4日，武汉某企业家得知这'旧闻'后为当时给予'勇敢一抱'的男乘客颁发了奖励"，并设计了以下问题："为什么要重奖吴烨？为什么两年后才重奖？奖励后会产生怎样的影响？结合材料，分析如何建设法治国家？"从而引导学生明确，要建设法治国家就要做到德治和法治的完美结合，依法治国与以德治国有机结合。因而第三个"huì"应该是描绘的绘字，描画出法治国家的美好画面。三个同音字，三个环节，真是一音多"设"，让深度学习"别有幽愁暗恨生，此时无声胜有声"。

三、一事多"辩"，让深度学习"横看成岭侧成峰，远近高低各不同"

深度学习是发展素养的学习，是信息时代教学变革的必然选择，也是适应知识经济、终身学习、信息社会和全球化时代需要的素养，"问题解决、批判性思维、开放性视野和创新能力"被国际公认为21世纪的高阶思维能力。就学习而言，假设、推断、思辨、想象、联想比知识更重要。要通过思辨培养学生敢于实践、勇于探究的科学精神和追求真理、敢于质疑的批判性思维，并引导学生去关注人与自我、与他人、与自然、与社会的关系，去思考人类的幸福和未来；通过思辨引导学生根据具体问题，独立思考、自主判断，比较和辨析不同观点，去发现新问题、提出新观点、探寻新规律。无论是学习还是教学，有思辨才有深度，要深度必须有思辨。

某老师在执教人教版七年级上册第十课"敬畏生命"时，选取的材料同样是"2018重庆公交坠江事件"，学生观看视频后，老师设计了不同的问题：①有人说"悲剧的发生是因为刘某错过了一个站，因此错过了自己和一车人的一生"，对此你是怎么看的？②有人说"心存敬畏，才能无畏"；也有人说"心存敬畏，行有所止"，你是怎么理解的？让学生进行合作探究，他们的发言也非常积极。对于第一个问题，有学生说："这样的说法我认为不完全正确，事故发生的主要原因是女乘客刘某，一是因为她不遵守规则，坐公交车坐过站了，不能让司机中途停车，这是任何人都知道的。二是她没有控制好自己的情绪，当司机未在刘某指定的地点停车时，她不应该用手机袭击司机面部，导致司机不能用心开车，而且打人也是蛮不讲理、不礼貌的行为，是不尊重他人、不理解他人的行为。而且她的这个行为导致了悲剧的发生，也错过了一车人的一生，实在是不可取，从这个角度来看，我认为这句话是正确的。另外，我还觉得司机也因为没有尽到司机的责任，也错过了自己的一生和一车人的一生。当刘某打他时，他应该认识到公交司机的责任是要保证车上乘客的安全，他应该把车停下来，与刘某理论或者打电话报警，从这个角度上看，司机也是造成悲剧的重要原因。"还有学生说："虽然悲剧的发生是因为刘某和司机，但是车上的其他乘客也有责任，他们的冷漠也要为这样的悲剧买单。如果他们能够站出来，哪怕只有一个人不这样冷漠，就不会有这样的悲剧发生，可是没有如果了。我真的为他们感到悲哀，人的冷漠让一车人搭上了一生。还有，我认为，社会也应该为这件事情负责，因为这个社会还没有形成见义勇为的风气，大家都不愿意见义勇为，大家都冷漠，因此，我们的社会应该多多宣传正能量，要在大力奖励见义勇为的行为的同时，对于冷漠的行为也要进行教育和惩处。所有人的生命都在这辆车上，这个时候根本没有任何一个人是孤岛，所有的人都是同呼吸共命运的，每个人都要与他人共同生活、休戚与共，无法独善其身。"这样的一事多"辩"，让深度学习"横看成岭侧成峰，远近高低各不同"。

四、一题多"变"，让深度学习"山重水复疑无路，柳暗花明又一村"

阿伦·C.奥恩斯坦提出"越少意味着越多"的理论，西奥多·塞泽也曾提出"教学内容越少越好"的观念，学校应当强调理解的深度多于理解的宽度。这实际上就是要改变，教得愈少，学得愈多。芬兰古谚有云："小即是美""少即是多"。当前新加坡教学改革的核心也是"少教多学"，相同的追求值得深思。深度学习要求学习者对学习情境有深入理解，对关键要素有判断和把握，可以在新情境中"举一反三"、迁移运用。如果不能将知识运用到新情境中解决问题，那么学习者的学习就只能死记硬背、机械训练，仍然停留在浅层水平上。要想促进学生的深度学习，就要不断地变题，达到少即是多的效果。

我在进行九年级第一轮专题复习时，就用变题的方式来实现学生的深度学习，利用课堂教学的有限时间进行变题训练。通过变题达到深度学习的有两种情况，第一种是变题型，就是把简答题变为辨析题，把辨析题变为分析说明题，把分析说明题变为选择题。比如，我在复习"规则与责任"这一专题时，利用同一材料进行题目的变换。还是利用"2018重庆公交坠江事件"这一材料做背景，先设计简答题："①这起悲剧中的主人公刘某身上存在哪些问题？②假如这件事情正在发生，你会对刘某说什么？"接着变成辨析题："有人说悲剧的发生是因为刘某错过了一个站，因此错过了自己和一车人的一生，请你从规则和珍爱生命的角度对刘某的行为进行评析。"然后引导学生把辨析题变成分析说明题："①这起悲剧发生的原因有哪些？②请你从不同的角度说说应如何避免同类事故的发生。"最后引导学生把分析说明题变成选择题："重庆公交车悲剧的发生给我们的启示是：A.我们要遵守规则，不能无视规则；B.我们不仅要珍爱自己的生命，也要关爱他人的生命；C.法律是国家制定和认可的，我们要遵守法律规则，否则要承担相应的法律责任；D.要建设法治国家，需要实施依法治国与以德治国相结合。"

第二种是变材料，将同一个背景材料变成与知识相关的其他材料。在复习"交往与品德"这一专题时，利用万能的小明这个主人公进行三变。我先根据学校出现的问题编写了这样一道辨析题："九年级的小明上课不认真听讲，也不认真写作业，老师批评他，他与老师顶撞。请用交往与品德的知识对小明的言行进行评析。"学生答出答题思路后，我开始引导学生进行第二变，就是把小明变坏。学生会说："小明与同学打架斗殴、考试舞弊，还与同学谈恋爱，回到家中不做家务，与父母顶嘴……"当学生说这些时，班上的同学开怀大笑，再引导他们从不同角度自己命题。引导学生进行第三变，把小明变好，使其成为一个德智体美劳全面发展的好学生，学生回答："小明上课认真听课，积极回答问题，下课后帮助同学讲解难题，做老师的小帮手，周末去做志愿者。回到家后，与父母讲述学校发生的事情，与父母和同学的关系和谐，经常帮助父母做家务。"最后引导学生从优秀品德的角度自己命题。一题多"变"，让深度学习达到"山重水复疑无路，柳暗花明又一村"的境界。

总之，深度学习是发展素养的学习，是信息时代教学变革的必然选择，只要老师多用心想办法，通过深度学习就一定会让道德与法治课趣味盎然。

不一样的连堂课，
助力道德与法治课深度学习

著名教育家杜威说过："如果我们仍用昨天的教育培养今天的儿童，那么我们就是在剥夺他们的明天。"为了不剥夺学生的明天，我们教师就必须不断创新教学方式，提高课堂效率。而采用连堂课教学模式是提高课堂效率，促进道德与法治课深度学习的方式之一。

道德与法治课的学习面临的问题之一是学生的学习是浅层学习。如表面热闹的师生对话中充斥着无数的问题，课堂设问简单，缺少深度和思辨性；知识的教学是碎片化，缺少系统性；学生的答案主要是教材的标准化，缺少个性化；课堂的评价方式主要是结果性评价而不是过程性评价，学生的学习是被动的而不是主动的……这些现象的产生，究其根源是深度学习缺失，而解决这一问题的方法有很多，我认为可以采用连堂课教学模式来解决。连堂课主要是把一周的两节道德与法治课放在一起上，时间共80分钟。具体做法如下。

一、别具一格的新闻报道，让学生一树百获

不少道德与法治课教师在教学中采用"课前新闻报道"这一环节，上课前用5分钟的时间，让学生上台报道最近一周或是一个月的时事新闻，并由教师和同学做适当补充与点评。这样做可以使学生不断养成"家事国事天下事，事事关心"的良好习惯，树立胸怀天下、报效国家的理想，同时可以更好地把新闻材料和道德与法治课有机地结合起来，预防"学生思维视野狭窄，知识与实践脱节"的现象，让学生掌握收集、处理、学习、讨论时事新

闻的方法，提高学生的学习兴趣和学习能力，从而促进道德与法治课的教学实效。这一教学手段我也很熟悉。

我在教学中发现，5分钟的新闻报道在评论的时间和深度上都不够，评论只能停留在表面，不能对每一条新闻都进行多角度的深入评析，更不用说老师的点评和学生的评价。而我的连堂课有80分钟，如果用10分钟来完成上述环节，是可以弥补时间和深度不足的缺陷的。我的操作如下：第一，提供可以查阅新闻的App给学生们，有"人民日报""微语简报""新闻早班车""今日一线""DV现场"等，学生查找新闻时目标明确，新闻内容可以找与本课有关的，将正能量和反面的新闻进行对比，可以培养学生的辩证思维。第二，学生以小组为单位进行分工合作，有找新闻材料的、有制作课件的、有审核的、有评论的、有展示的等，保证每个人都有事可做，而不当看客。第三，给出评价的标准。在课件制作和上台展示、评价流程上给出具体明确的要求，有A、B等级。在课件方面：A等级的要求是背景精美、新闻简洁，用黑色字体，评论用红色字体，有图有真相，联系教材进行多角度评论（道德与法治角度，或心理或经济、政治、生态、文化等）。在上台展示方面：A等级的要求是普通话标准、声音洪亮，仪态端庄、举止优雅，语速适中、讲述流畅。在评价方面：每班有八个区，八个区都进行评分，对上台展示的小组进行评分和点评，评价展示小组的优点以及需改进的地方，老师有一个给分的机会，并要对新闻报道的小组进行总体点评。科代表把展示小组所得等级记下，并纳入学生道德与法治课的成绩考核之中。这样别具一格的新闻报道，让学生一树百获。

二、独出己见的自主预习，让学生兴趣盎然

北京十一学校的魏勇老师说：好问题的特点之一是具有冲突性、挑战性和思辨性，可能无法让学生在第一时间做出明确的判断，但学生可以更认真、更深入地去挖掘和了解事实的真相。好问题的特点之二是问题是自然而然的，尽可能地用任务、活动或冲突的情景和对话来激发学生学习的兴趣。好问题的特点之三是包含基础知识，且具有延续性。课堂自主预习更重要的是对学生思维活动的引导，只有让学生的思维活动活跃起来，才能激发学生开展自主学习，促进教学成效的提高。

老师在预习问题的设计上基本上沿用三步法，"是什么、为什么和怎么办"。这样的问题仅仅停留在知识层面的学习，不能引起学生的兴趣，激发学生的学习动机，因而不能使预习达到理想的效果，学生的自主学习能力也难以调动起来。为了解决这个问题，我的方法是："提出具有冲突性、挑战性和思辨性、兴趣性的问题，激发学生主动学习与思考。"只有学生的好奇心被激发起来，他们才会愿意和老师进行一场精神上的历险，老师才能真正地走入学生的心灵。正如法国作家安东尼·德·圣埃克苏佩里所说："如果你想造成一艘船，不要鼓励人们去伐木、去分配工作、去发号施令，你应该做的就是教会人们去渴望大海的宽广无边和高深莫测。"

例如，在讲人教版八年级下第二单元"理解权利与义务"第三课"公民权利"第1课时"公民的基本权利之政治权利、人身自由"时，在自主学习这一环节，我设计了四个问题：①作为中学生，我们什么时候才能享有选举权和被选举权？②我们经常选举班干部，这是选举权吗？为什么？③我们身边经常有人给其他同学取绰号，这种行为是否正确？请说明理由。④有人说："权利可以放弃，因此，我们行使监督权可能会受到他人的打击报复，那就放弃行使这一权利。"这种说法对吗？为什么？相比传统的问题"什么是政治权利？为什么要行使监督权？如何行使监督权？人身自由权有哪些"，更能够激发学生的兴趣，让学生带着这些问题去阅读教材并进行探究，从而达到意想不到的效果。

三、与众不同的知识整合，让课堂简约有效

北京十一学校的魏勇老师说："对学生最大的尊重不是在日常生活中与学生交朋友，在礼貌上做得很周到，而是在课堂上给学生惊喜；对学生最大的不尊重，是在课堂上表现平庸。"那什么是惊喜呢？可以是一个出乎意料的角度，或是同样的角度走得更深更远，或是把已有的知识融合起来提炼一个全新的东西，总之是出乎学生的意料但是又在情理中。因此，我认为，对教材知识进行整合、化繁为简也可给学生带来惊喜，因为与众不同的知识整合让课堂变得简约有效。

我在执教八年级上册第三单元"勇担社会责任"第六课"责任与角色同在"时，就对教材知识进行了整合。第六课有两框，第一框是"我对谁负

责，谁对我负责"，讲责任的含义，不同角色承担不同责任，为什么要承担责任，如何承担责任等；第二框是"做负责的人"，其中涉及承担责任的代价与回报，承担责任的意义，这些知识也是第一框中"为什么要承担责任"的一部分。因此，教材知识在两节课中均有涉及，两框中的知识是相互联系、相互融合的。如果按单独的框题来讲，学生对于这些知识的理解可能有一定的困难，知识的逻辑也不够清楚，知识呈碎片化和重复化。要想达到知识的系统性与逻辑的清晰性，使学生更好地掌握所学知识，对教材知识进行整合是势在必行的。

然而，所有的知识都要反映在材料上，通过材料进行知识的学习，最好的方法是选取一个典型的时政材料把两节课的内容联系起来。这则时政材料要具有代表性、时效性和正反性，而在课堂问题设计上也要能设计出培养学生辩证思维能力和学科核心素养的问题。我在讲授这一课时就选取了两个"中国机长"的材料，第一个中国机长是刘传健，他是感动中国人物，也是电影《中国机长》的原型；第二个是无视责任与规则被终身停飞的"桂林机长"。一正一反的两个机长可以把两节课的教材知识联系起来。针对两则材料设计了三个问题，把所有的知识进行了整合：①为什么同样是机长，一个获得奖励，一个受到处罚？②刘传健的事迹被报道后，他获得了很多荣誉，因此有人说承担责任一定有回报。你是怎么看的？请说说理由。③有人说："对于喜欢的事情，我们就认真做，但是对于不想做的事可以不做。"请说说你的看法。

通过设计这三个问题，把什么是责任、角色与责任的关系、为什么要承担责任、如何承担责任等知识点都串联起来，这样的整合达到了化繁为简、深度学习的目的。

四、别出心裁的合作探究，让学习行之有效

"活动与体验"是深度学习的核心特征，"活动"是指以学生为主体的主动活动，而非生理活动或受他人支配的肢体活动；"体验"是学生在活动中发生的内心体验。学生的主动学习活动并不是自发的，而是伴随着与老师、同学的交流、沟通、合作、竞争等活动，如教师的启发、引领，实验活动中同学间的互助合作，课堂教学讨论中的相互启发，小组作业中的相互依赖与

信任等。这些活动本身也典型地再现着知识发现（发明）过程中人与人的相互依赖、信任、竞争、合作。

连堂课的核心就是小组合作探究，教师提出问题让学生自主学习、思考、探究。我的连堂课上小组合作是这样操作的：第一，老师根据背景材料提出问题；第二，给出小组合作的要求：讨论时间是8分钟，发言人数是每个人都必须发言，一个人做记录，上台展示发言时抽签，给出讨论目标；第三，小组利用磁字白板进行讨论，并书写展示；第四，进行小组展示的评价，将老师评价和学生评价相结合，并把评价分纳入学生的综合素质等级中。

我们的小组合作与其他小组合作最主要的区别是利用磁字白板，而它是不同于交互式电子白板的。这个磁字白板是一种高品质覆膜白板，规格可大可小，易写易擦，可多次使用，可以随意贴在黑板上，也可以随时取下来，不伤黑板。每个班八个小组，每个小组发一张，是学生课堂讨论、展示的工具载体。学生讨论、探究、记录他们的观点，从而产生思维的碰撞。然后分组派代表上台进行展示，其他小组的同学进行补充、点评和评价，并把得分记下，按照得A个数进行小组排名，这样便极大地调动了学生的学习积极性，增强了他们的集体荣誉感，让学习真正行之有效。

五、耳目一新的逻辑流程图，让学习明白易晓

帮助联想与结构是深度学习的基本特征之一，是处理人类认识成果和学生个体经验相互转化问题的重要途径，需要的是学生的记忆、理解、关联能力以及系统化的思维和结构能力的共同参与。而这个知识不是词语的简单结合，而是有内在联系的结构与系统，并在结构系统中显示出它的意义。正如布鲁姆所说：不论我们教什么学科，务必要理解学科的基本结构，这是在运用知识方面的最低要求。经典的迁移问题的中心，与其说是单纯地掌握事实和技巧，不如说是教授和学习结构。帮助学生把握知识的内在联系和本质，是教师的重要工作。瑞典学者马飞龙指出，我们发现，学习结果与教师对教学内容的处理和组织有比较大的关系，最关键的是教师对教学中的相同点与不同点、变与不变等内容的理解和处理。

因此在连堂课中，要引导学生画逻辑流程图，构建起知识的联系。比如我在讲完承担责任的两节课后，就在黑板上画出逻辑流程图。图示

如下。

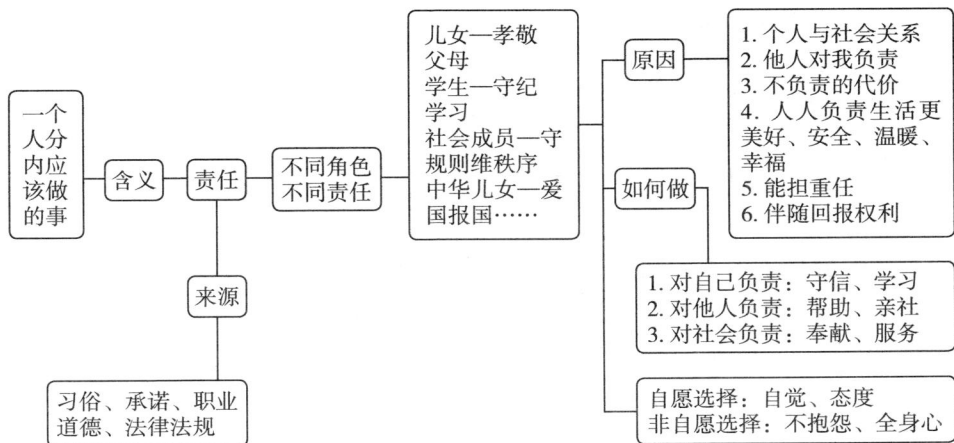

逻辑流程图

这样的图示把责任的含义、来源，与角色的关系，承担责任的原因及承担责任的内容都展示清楚了。

六、独具特色的课堂思辨，让课堂意味深长

有人说："好的课堂要求之一是要有批判性思维"，那什么是批判性思维呢？不同的人有不同的解释，但是我比较赞同下面的说法。所谓批判性思维，就是通过自己主动思考，对所学知识或信息的真实性、精确性，过程、理论、背景、论据等进行个人的判断，从而对做什么和相信什么做出合理决策的一种思维认知过程。而培养学生的批判性思维，不仅是培养合格公民的需要，也是践行学生学科素养中科学精神的需要，因为批判性思维有助于学生成为通情达理的人，使其在看待历史、看待国与国之间的关系、看待人与人之间的关系时不至于做出让人遗憾的决定。而这种思维的培养至少是每节课应有之目标，因为批判性思维能力不是一两节课就能够养成的，而连堂课上有充分的时间进行这种能力的培养。

我仍以八年级上册第三单元"勇担社会责任"第六课"责任与角色同在"为例，对于如何承担责任，有一个问题："对于自己不愿意承担的责任要不抱怨，这种说法是不合实际、很难做到的。"在大部分的公开课上，对

于这个问题，老师是避而不谈的，只告诉学生自己不愿意做的事情就是不要抱怨，可是对于为什么不能抱怨也不给出解释，因为老师也不知道该如何引导。但是我在连堂课教学中却让学生明白了为什么不要抱怨，如何才能不抱怨，我引导学生明确不抱怨的正确对策是：第一，可以列出这件事带来的意义或者不做的危害；第二，换个角度看问题，以积极乐观的心态去看；第三，做好这件事情后可以给自己一定的奖赏；第四，把这件事情当作一个挑战，转变为一种动力。只有这样教学生，学生对于自己不愿意做又必须做好的事情才能真正做到不抱怨……要把有意义的事情变得有意思，把有意思的事情变得有意义。特别是他们明白了对于自己不愿意做的事情的正确态度，懂得了如何承担责任。

总之，道德与法治连堂课是深度学习的一个重要形式。只要我们坚持不断创新，便不会剥夺学生美好的明天，愿每个学生都能被温柔对待，都能够感受到惊喜。

有心

——成就自己的孩子

最喜小儿成长

又是一年高考季，高考成绩放榜，几家欢喜几家愁。一边是有人遗憾落榜与大学无缘，一边是各省高考状元被曝光，名校纷纷抛出橄榄枝。我想到了我的你，2017年韶关市的高考理科状元，677分，全省排名第39，被清华大学数理基科班录取，后来分流就读于物理系，而现在通过了清华大学的直博考核，下个学期就直接读博士了。当年677分这个成绩虽然与全省的尖子生相比还有一定的差距，但我还是很满意，因为我从来没有想到会是这样的结果，可能也真如第三届《中国诗词大会》上评价年度冠军陈更的成功时说到的"水到渠成，天道酬勤"吧。

有人说："这些都是别人家的孩子，他们的成功得益于孩子的天才，无可复制。"因为这些状元、学霸的家庭教育，竟然惊人的相似。不是出身，不是智商，而是家庭。还有另一句话说："任何一个优秀的孩子，都不是横空出世的奇迹，而是有章可循的因果。"它的因，在家庭；它的根，在父母。我不否认家庭和父母的重要性，但一个孩子学业的成功，是家庭、学校、教师和自身的努力综合因素的结果，当然更多的是老师的教育。

一、创造良好的家庭氛围，营造轻松的家庭气氛

家庭氛围是看不见、摸不着的东西。但是，每个家庭成员都能感受到它，孩子也不例外。如果把孩子比作一棵小树苗，那么家庭氛围就如同孩子赖以生存的土地，如果我们常常给土地施肥，小树苗自然就能够茁壮成长。而家庭气氛的主要制造者是谁呢？是孩子的父母。我们通过什么来营造家庭气氛呢？通过我们的言行举止。如果我们常常在家大吼大叫、暴躁、愤怒，家庭气氛就会显得很紧张，孩子就会有压抑感，从而有不愿意回家的念头，

甚至离家出走，走上犯罪的道路；如果我们总是柔声细语、平等相待、充分尊重，家庭就会充满祥和的气氛，孩子就会觉得很放松，愿意把家当作真正的安全场所和成长的避风港。所以，孩子在家庭中除了吃饱穿暖以外，精神营养完全来自看不见、摸不着的气氛中。家庭环境给孩子造成的影响，不仅体现在生活、健康、学习等方面，更体现在情感、个性、品德等方面，所以请母亲用女性特有的温柔，请父亲用男性特有的理性，给孩子营造一个温馨和谐的家庭氛围，与家庭成员保持良好的关系。

杨绛先生在《我们仨》中说道："我们三个在一起，总有无穷的趣味。"我想说，我们三个在一起，总有无尽的笑声。我们之间是平等的，并且经常是其乐融融的。比如，我们之间是几乎每天都会开玩笑的。你经常说自己很帅，现在来猜一下："魔镜魔镜，谁最帅？"我和爸爸会说，李轩的爸爸最帅。然后你说："不对，是李轩最帅。"爸爸说："这个魔镜是坏的。"然后全家大笑。在过年或者放假时，我们三个人会玩一种游戏——打扑克"跑得快"，我比较笨，技术不过关，因此总是被你们取笑，说"不怕神一样的对手，只怕猪一样的队友"，而对于这句话，我也是当作你们对我的爱，不会生气。在这样的家庭环境中，你的心态和思想都是恋家的，也培养了孩子以后对家庭的责任感和感知幸福的方式。

二、我陪你长大，生命在于运动

2019年4月8日，习近平总书记参加首都义务植树活动。他一边劳动，一边向身边的少先队员询问学习生活和体育锻炼情况。总书记引用了"文明其精神，野蛮其体魄"的语句，这句话出于毛泽东的《体育之研究》，大意是说，要让人们的精神变得文明，让他们的身体变得强健。习近平总书记引用这句话，足见他对"发展体育运动，增强人民体质"的高度重视。钟南山院士谈到自己80多岁却"不老"的秘诀时，给出了答案——健身、喝牛奶，可见，体育运动对一个人的健康是多么重要。

中国家长对孩子教育的重视程度首屈一指，但在引导孩子参与体育、爱好体育这件事情上，还需要唤起更多共识和行动。用体育陪伴孩子的成长，使其养成可以相伴终生的锻炼习惯，不仅是学校的责任，也是家长的责任。但是，在青少年积极参加课外体育活动的问题上，家长显然还存在缺位的现象。有调研表明，我国目前参加课外体育活动的初中生比例远低于一些发达国家。不能苛求家长都把孩子培养成孙兴慜，毕竟职业运动员的培养是呈"金字塔"形结构的。但应当认识到的是，让孩子养成运动的习惯，也是家庭教育的一部分——不仅给孩子一个健康的体格，更能培养孩子健全的人格。强壮孩子的身体，应该从改变父母的认识开始。

我的先生与我是大学同学，他身高178厘米，是学校的体育部长，是系篮球队和足球队的队长，也曾是学校5000米长跑的冠军，是一名优秀的体育健将。参加工作后，他也是学校篮球队的，经常代表学校参加县里的各种大赛。他的这种优秀的体育基因也遗传给了孩子，在孩子很小的时候，他就带着他做各种运动，小孩心里埋下了热爱体育的种子。虽然他不太喜欢打篮球，但是他热爱打羽毛球，还拜了师，打得像模像样，大学期间担任物理系的体育部长，是系队的羽毛球教练，经常代表系里参加学校的各种比赛。同时，他也非常热爱我们的国球乒乓球，在读高中时，只要有时间就去打乒乓球，连课间10分钟都不放过。此外，他还喜欢台球，周末时他与爸爸一定会在步行街风度广场五楼的桌球室去打一场，这些我们都是比较支持的。体育运动可以使我们更接近自然，接近自己的本原，丰富社会交往。体育体现出自由开放的精神，不仅可以改善人们的生活方式和生活质量，还对培养现代人的素质具有重要作用。体育运动可以培养人的健康行为，促进良好生活习惯的养成，防止疾病的发生。体育运动的健身功能主要表现在改善心理环境和增强心理健康等，当然对未来参加工作后从事科学研究也有好处，可以以更好的状态投入工作。

三、宽严相济，意见统一

只有做到爱护与教育的统一，才能使家庭教育发挥最大的功能。坚持"宽严相济"，提倡严而不厉。首先，"宽"是指家长对子女要真正地关心、爱护，对他们身上存在的某些缺点，对他们行动上存在的某些反常行为，要有宽容的态度，不是见到错误就批评指责，而是应该帮助他们发现问题的症结所在，找出克服的途径和方法；"严"是指对子女的行为、想法要细心观察，密切注意，随时掌握其情况和变化，严格管理，控制不良行为的产生，引导其行为朝着良好的方向发展。其次，我们所说的严格要求是根据孩子的发展水平和年龄特点，以取得良好教育效果为前提的。如果"严"得出了格，就会走向反面，所以父母提出的要求需是合理的，是符合孩子实际情况又有利于孩子身心健康的。如要求4岁的孩子跟在父母身后走力所能及的路是可能的，但要求孩子与父母走得一样快就不合理了。同时，父母提出的要求必须是适当的，是孩子经过努力可以做到的，若要求过高，孩子即使经过努力也无法达到，就会丧失信心，也就起不到教育作用。此外，对孩子的要求必须明确具体，让孩子明白应该干什么、怎么干，不能模棱两可，让孩子无所适从。父母对孩子的要求一经提出，就要督促孩子认真做到，不能说了不算。此外，要"给孩子一点不听话度"，即不能要求孩子绝对服从，信奉"听话道德"。不能认为孩子不服从就是大逆不道，这种做法往往会压抑孩子的创造性。主张孩子在行为上以听话为主，不打架、不骂人，要听大人的话，要有文明的行为；而在思想上却可以"不太听话"，要有独特见解，因此家长要给孩子一点"不听话度"。这样才能培养孩子的创造精神。"宽严相济"的家教思想，凝结了我国古人的智慧，是尊重孩子的身心特点、充分发展其个性、使其健康成长的理念。这一家教思想是我国家庭教育中的一盏明灯，照亮了家庭教育的方向。

四、尊重支持老师，维护老师权威

我们经常听到有家长在孩子与老师发生矛盾或者有误解的时候，或者是孩子成绩下降时，就把责任归咎于老师，当着孩子的面说老师的不对，而高明的家长却能尊重老师、支持老师。日本著名教育家多湖辉分享过一个颇为感人的故事：一位植物学家的孩子拿着一株不知名的小草请教老师，但老师也不认识。于是，老师和颜悦色地对他说："你的父亲是一位著名的植物学家，不妨去请教他，老师也想知道小草的秘密。"到了第二天，孩子又来找老师："爸爸说了，他也不知道小草的名称。他还说，老师您一定知道，只是一时忘记了。"说完，孩子顺手把爸爸写的一封信交给了老师。老师打开信，发现上面详细地写明了小草的名称和特性，最后还附着一句话："这个问题由老师回答，想必更为妥当。"这位植物学家降低自己的身份支持老师，帮助老师塑造在孩子心目中的形象，其实这也是支持自己的孩子。

在上海，有位校长妈妈分享过自己的亲身经历：她的女儿四年级的时候很调皮，总是闯祸，结果到了期末，老师给出的五行评语中竟然没有一句肯定，全是批评！女儿非常伤心，回到家饭也不吃，哭着问她："妈妈，我是不是真的很差呀？"妈妈看了看期末报告，体会到了女儿的心情。她知道女儿的自信心受到了打击，甚至已经开始自我怀疑，那天晚上，妈妈失眠了。她想站在女儿这边，但她又想到自己是一位中学校长，曾经无数次在讲台上分享："家长一定要支持老师！学校是孩子每天都要去的地方，家长本事再大也不可能代替老师。"但这事情发生在自己身上，应该怎么办？她连夜写了一封信。这封信不是写给老师，而是写给女儿的：孩子，你见过磨刀吗？把刀放在磨刀石上磨，刀一定很疼，可是它没有发出一点声音，因为它知道只有经过这样的磨砺，它才能变成一把好刀、快刀。你想变成这样一把好刀吗？那就要经历磨砺！你睡觉之后，妈妈已经和老师通过电话了，老师说，今天的评语就是把磨刀石，就是要让你去接受反复的磨砺。当你把评语上的缺点改正之后，你就会是一把举世无双的宝刀了。妈妈用这封信把老师在女儿心目中的形象挽救了回来，也帮助女儿重新塑造了对自己的认识。后来，她又和女儿谈了很多，女儿还给自己写了很多中肯的"评语"。

那位妈妈说，这件事到今天她还是非常后怕，孩子不会从她不喜欢的老师那里学到任何东西。如果当时不是用这样的方式来处理，结果会怎么样？她常常用这段经历来鼓励老师，要多几把衡量孩子的尺子，让孩子感觉到成功。她也会用这个故事来提醒家长，不要在孩子面前抱怨老师，老师不会故意批评孩子，遇到问题时家长可以私下和老师沟通，但在孩子面前一定要支持老师，这才是上策！因此，好孩子的成长途径之一是处理好家长、老师、孩子之间的关系，家长、老师和孩子之间最美好的关系不应该是猜忌与怀疑，而应该是家长支持老师，老师支持孩子，孩子健康成长！我想，家长和老师的相遇应该是爱与信任的邂逅，孩子们的笑脸和成长才是老师与家长共同期盼的。和谐的师生关系是孩子成长的重要条件。

五、善于思考，多问老师

伟大发明家爱迪生说过："不下决心培养思考习惯的人便失去了生活中的最大乐趣。"有了爱读书的好习惯，但没有勤于思考和善于思考的好习惯，就不能做到学有成效。伟大的科学家爱因斯坦说过："我没有什么特别的才能，不过喜欢寻根刨底地追究问题罢了。"学问必须一边学一边问，不断地学不断地问。不断地问就是要开动脑筋，勤于思考所学知识。看书时要不断给自己提出问题，听老师讲课时也要不断提出问题，不断给自己提出问题是学好知识必备的思维过程。读书和听讲后提出的大量问题并不是要去问老师，而是要自己找出答案。没有养成勤于思考问题的好习惯，就抓不住所学知识的重点。不积极思考问题也就理解不了所学知识的难点。勤于思考问题的学生就能把书念薄，就能将所学知识融会贯通。养成勤于思考问题的好习惯，就有了分析问题和解决问题的方法。所谓善于思考问题，就是会通过积极思维独立解决问题，或者说具备了独立思考、解决问题的能力。

在这一点上，我的孩子做得非常好，他不但善于发现问题，更善于提出问题，问题不解决誓不罢休。他读初中时，就喜欢提问，碰到不懂的问题一定要弄懂，或问老师，或问同学。他初中老师说他上课没有听懂会举手，让老师再讲一遍或是下课找老师问问题，在高中时问问题经常是问到老师都忘记了吃饭。高三在英语这一科上，因为自己的完形填空失分较严重，他心里有些着急，担心高考时英语会拖后腿，于是找到了美丽、多才、善良的王老师，跟老师说他要与老师比赛做完形填空题，题目由老师找，在规定的时间内进行比赛。如果他赢了，老师就要请他吃冰激凌；如果他输了，就必须听老师的话，老师要求做什么就做什么。老师接受了他的挑战，最后的赢家当然是博学多才的王老师，因此，他对王老师更加佩服，而英语成绩也一直保持在140分以上，最后的高考成绩是143分。可见，多思考、多提问是取得良好成绩的法宝。

六、多做榜样，共同进步

早在2500多年前，我国大教育家孔子就说过："其身正，不令而行；其身不正，虽令不从。"其本意是说，如果管理人员本身品行端正，那么即便不发号施令，他人也会以其为榜样去行动；但如果其本身品行不端正，即便是强硬地命令他人，他人也不会听从。在英国教育家托马斯·阿诺德看来，父母的言行就是无声的老师，是自觉或不自觉的榜样，强有力地发挥着潜移默化的作用。所以要想取得理想的教育功效，父母一定要以身作则，时时、处处、事事严格要求自己，成为孩子人生的好榜样。另一位英国教育家洛克也主张，在教育孩子时，与其让孩子记住规则，还不如给他树立榜样。他强调示范和环境的教育作用，反对单纯的说教。他说："无论给孩子什么教训，无论每天给他什么样的聪明而文雅的训练，对他的行为能产生最大影响的依然是他周围的同伴，是他监护人的行动榜样。"日本教育家井深大认为，父母的言行是子女最好的教材，一流的父母造就一流的孩子；要让孩子进一流幼儿园和一流学校，更重要的是必须使孩子在一流的家庭里接受熏陶。家庭是孩子的第一个课堂，父母是孩子的第一任老师。父母是孩子最初的模仿对象，孩子从父母那里学到的品质、人格、习惯和处世态度，对他一生的发展都会产生极大影响。父母作为孩子最早的启蒙者和终身的教育者，对孩子的教育影响也最深远。父母若想成功地教育子女，必须以身垂范，做孩子的榜样，因为榜样的力量是无穷的，对于孩子来讲，父母是他们一生的老师。明智的父母都会以身作则、以身垂范，给孩子做出好的人生榜样。心地善良、人格健全、品德良好的父母，肯定会教出积极上进的好孩子。可见，教育孩子就是做好榜样，就是父母以身作则，给予孩子最好的示范。我相信多数家长都懂得这个道理，可是做起来却很难，明明是想做好榜样，却常常成了坏榜样。

为了激励孩子努力学习、积极上进，我个人也是坚决做到不打牌、不打麻将、不进歌厅、不沉迷手机，在家的时候多看书。我们两个会互相定目标，说来也感谢孩子，是他跟我说："妈妈，我们也定个目标吧，我初中毕业时考上重点高中，你要评上高级。"我与他相约，击掌一言为定，三年后一定实现各自的目标。这个约定可能与孩子的面子有关，因为那时候我们学校的宣传栏上有高级老师的相片和名字，而他就在我所在的学校读书。当他看到这些时，想到自己的妈妈也在这所学校教书，却还是一级教师，可能感觉有些没面子。第一个目标可能与少年的虚荣心有关，可第二个目标纯粹是为了心中的理想，有了更高的追求。初三毕业，孩子如愿以偿，以全市前60名的成绩考入了一所新办的高中——广东韶关实验中学，学校是第一届招生，我们就是冲着他们开办的精英班去的。一个班只有36个人，算得上是小班教学了，教师也是全市的优秀教师，还有来自湖北的有清华、北大经验的吴铁军老师，学校最好的老师都配给了这个班。他再次与我约定：三年后他考上重点大学，至少是中山大学，而我必须成为特级教师或者省市优秀教师。为了这个约定，我们再次努力出发，我于2014年被评为韶关市学科带头人；2015年被选为广东省新一轮百千万名教师培养对象；2017年他考上了清华大学；2018年我被评为广东省特级教师和广东省名教师工作室主持人；2019年被评为韶关市基础教育名教师和全国优秀教师。就是这个约定，让我们成长进步。当然在这个过程中，我也一直在学习上不断努力，也给自己定任务，仿佛要把前面耽误的时间都弥补回来。

七、参加竞赛，开发思维

根据教育部相关规定，2019年将全面取消体育特长生、中学生学科奥林匹克竞赛、科技类竞赛、省级优秀学生、思想政治品德有突出事迹等全国性高考加分项目。奥赛区热得到了降温，但是"一千个读者就有一千个哈姆雷特"，没有一件事情可以单纯的好或是单纯的坏，竞赛对于不同的孩子自然会有不同的影响。

学科竞赛可以提高学生对这门学科的关注度及钻研程度，有了参加这门学科课程竞赛的欲望，有了学习这门学科课程的兴趣，学生势必会对这门学科予以比较多的关注。越是关注，越发有兴趣；越是有兴趣，越发关注。兴趣加关注，将会使学生在这门学科课程往多了学、往深了学。这样一来，对这门学科课程学习的宽度、广度和深度就都有了。能够在高中学科竞赛这个激烈的战场上拼杀出来的学生，身上有其他学生不具备的特质：第一，学有余力，基本可以兼顾两头，竞赛和高考都能胜出，况且竞赛的难度和深度远远大于高考，在同样的时间段里他们能掌握比别人多几倍的知识。第二，自学能力强，在高中阶段便超前学习了很多大学课程，这也是世界潮流，美国大学喜欢招收学习了AP课程的学生，这些知识的学习不可能像正常教学进度一样进行，很多要自学，包括自我安排学习计划、自己查找资料、自己想办法解决困难等。第三，思维优势，经过竞赛培训的学生思维训练过硬，了解基础知识和课本的重要性，不是为了做题而做题，也就是会动脑子学习，举一反三，融会贯通。第四，经得起挫败，经历的挫折和打击多，也见识过传奇大牛，对自我定位比较客观，不盲目自大，也不自卑消沉，心理强大。第五，自主招生优惠，因竞赛获奖取得的自招名额，将获得一个较大的加分幅度，同时在专业性要求更强的数学、计算机、经济金融等专业上会有

有心——成就自己的孩子

很大的优势。不要小看这些省级赛区的一、二、三等奖，虽然不具备保送生的资格，却是各重点大学自主招生的报名条件之一，也就是俗话说的"敲门砖"。

孩子从初中就喜欢参加各种竞赛，只要参加比赛，就一定可以拿奖，越拿奖越有兴趣，越有兴趣越喜欢参赛，学习的积极性得到了极大的提高。我们都知道，高中的课程内容是比较难的，很多学生在高一就会遇到不适应高中学习、无所适从，因此陷入焦虑的情况。但是儿子因为在初中打好了基础，特别是参加了各种竞赛，其中有很多高中的内容，因此，上了高中他没有感到压力与焦虑，过渡得非常轻松自然，学习起来也是得心应手。在高中时，他通过自学与向老师问问题，也在各种竞赛中拿到了省里比赛的一、二、三等奖，这对于申请清华的领军人才计划和北大博雅计划是一个加分项，也使他能够顺利地获得清华、北大这两个自主招生资格。

八、劳逸结合，事半功倍

《礼记·杂记下》中有"一张一弛，文武之道也"，说的是要治理好国家，就要让人民劳逸结合，使工作、生活有节奏地进行。在如今的社会背景下，燃烧人生并不是一味地透支，即使再强壮的身体也有疲劳的时候，劳逸结合是一种生存策略，劳逸结合中的"逸"不是我们传统意义上的一种安逸和放松，而是要注意锻炼和进行体力劳动。要学会平衡，因为平衡是一种美好的境界，生态平衡了，就会风调雨顺；营养平衡了，身体健康就能得到保障；劳逸的平衡，使人精力充沛；心理的平衡，让人舒坦愉快。平衡需要一种胸怀，学会平衡，就能站立起来。学习也要做到劳逸结合，以提高学习效率。

孩子在复习阶段不分昼夜地苦读，强制自己在疲劳的情况下坚持学习，常会出现颈、臂、背、肩与手指的酸痛不适和学习效率下降等现象。同时会产生全身疲惫，关节僵硬，肌肉酸痛，注意力不集中，记忆力和思考效率下降，大脑反应迟钝的现象。因此，在平常的学习中，特别是临近考期时，更应该采取有效措施防止和缓解疲劳，以达到事半功倍的效果。

在这一点上，因为孩子对体育的喜欢，他会做到劳逸结合，特别是在高三时期，大家都在争分夺秒地学习，课间10分钟或者体育课时间时，也会待在教室不断刷题，生怕少做了一道题，或少记了一个单词，或少背了一个公式，就会与心中理想的大学失之交臂。但儿子总是一下课就拿上羽毛球拍或者乒乓球拍以百秒冲刺的速度下到学校的体育场地，进行挥汗如雨的运动，让辛劳的大脑和手脚尽量放松，从而更加充满活力地学习，达到事半功倍的效果。而进入大学后，这成为他自信的来源之一。他担任了清华大学物理系体育部长，也代表系参加学校的羽毛球比赛，并多次获奖，还成为系羽毛球队的教练。

九、关注高考，明确动态

信息在现代经济生活中的作用越来越大，已经成为市场竞争的重要手段。信息是最重要的资源，谁占有的信息多、掌握的信息准确，谁就有了权威，有了制胜的先机。然而，随着现代社会人们获得信息的渠道越来越广泛，除了报纸、广播、电视等传统渠道，互联网、手机以及目之所及的户外大屏幕等新兴渠道的加入，使得人们获取各类信息的途径不断增加，尤其是人们对信息重要程度的认识越来越普及和深入，信息垄断被打破，大量的信息被人们共享。那么就会出现一个问题，同样的信息为什么有的人可以拿它做出很好的文章，而有的人则听了、看了就过去了，一点痕迹和波澜都没有留下。其实两种结果反映的正是信息的一个最大特点，即先有事实信息，后有价值判断，对于同样的信息，每个人都有自己的价值判断，这就是"是"与"应该"的区别。

孩子好成绩的取得也得益于先生一直关注高考的动态和信息，从高一开始，他就关注清华、北大及其他重点大学的自主招生信息，包括要符合哪些条件等，然后收集这些信息。到了高三第一个学期，他就帮孩子申请了清华大学的自强计划和北京大学的博雅计划，在高三第二个学期，孩子通过了北京大学博雅计划的预录取，直接可以降30分，给自己吃了颗定心丸，而高考后去北大面试，又获得了10分的加分。

十、坚持给孩子写信

写信可以表达情意。亲情、友情、爱情，都可在字里行间或悠悠缓缓、或汹涌澎湃、或平安朴素地自由流淌。想念亲人了，写一封家书，不管字迹，不管修辞，不管信封，不管信纸，于是亲情就有了泪水、有了关怀、有了问候、有了安慰、有了最无私的支持；想念朋友了，轻轻翻出珍藏的地址，虔诚地选好信封，仔细地挑选信纸，于是喜怒哀乐的复杂滋味都一股脑儿地倾诉出去，无须渴望什么抚慰，只要那时情感能够宣泄。驿寄梅花，鱼传尺素；青鸟殷勤，鸿雁传书是多么美丽的情景，那种原始的朴素，那种真诚，那种浪漫却随着信息技术的发展，极少出现在我们的生活中。不管是亲情、友情还是爱情，都可在信中笑靥如花。一天如此，一年如此，一生也如此。在每一个鸟语花香的清晨，在每一个阳光灿烂的午后，在每一个斜晖脉脉的黄昏，一人，一桌，一椅，一笔，一纸，静静地、轻轻地、悄悄地写信，还有什么比这更浪漫的事呢？

当年填写志愿时，先生的第一个要求是学校能够提供住宿，因此在选择高中时，我们选了一所新办的能够提供住宿的学校——广东韶关实验中学。由于孩子住校，高一时是两周回家一次，高三是一个月回家一次，并且是不能带手机进校园，因此也不能很好地和他沟通。可是作为家长，总是想了解孩子在学校的思想动态和学习情况，那该怎么办呢？

我真的认为写信是一种良好的沟通方式，会建立起学校和家长沟通的桥梁。心理学教授安德斯·艾利克森在《刻意练习》中说："我们留给孩子最重要的礼物，是帮助他们发展出本来认为自己不可能具备的能力，从而挖掘出自身潜能，也知道要让自己的梦想成真，要用什么方法，付出怎样的努力。"我们传递给下一代的不该是散漫、懒惰、遇到挫折就放弃的状态，而应该是自律、坚持、专注的品质。生活里不存在从天而降的幸运，也没有突如其来的惊喜，有的只是千般投入、万般辛苦后的得偿所愿和用心良苦。

总之，孩子就是家庭的缩影，在孩子还没有自主思考能力的时候，习惯的培养、能力的养成，靠的是父母。世上没有不请自来的幸运，那些咬紧牙关的灵魂背后，都是父母有备而来的努力。高考很重要，但人生不止于高考。帮助孩子塑造好的习惯和品质，不仅可以让他们在求学路上省心省力，还可以让其受用一生。

给儿子的信

成人礼让你成长

小轩：

我亲爱的儿子，一直以来，你都是爸爸妈妈的骄傲和希望——懂事、聪明。在这个特殊的日子里，你们学校举行了成人礼，要知道学校的良苦用心，是为了让你们早点懂得你们身上的责任和义务，成人礼也意味着你们将步入社会，要开始自己管理自己了。因此不必抱怨，要愉快地接受，期待它的到来，这是多么令人羡慕的青春时光！妈妈愿意看着阳光里你挺拔高大的身姿、俊朗帅气的脸庞、毛茸茸的小胡须以及依然稚气的笑脸；妈妈愿意听你滔滔不绝地讲着你的见解、故事和你眼中的世界；妈妈更愿意守在窗前等候你放学归来时跃动的身影……时光易逝、岁月匆匆，时间见证了你的成长，也见证了父辈们一步步走向日暮，步入人生之秋的变化。漫漫人生，青春只是最华美、最绚烂的一瞬，我的孩子，好好珍惜光阴吧，让这段青春岁月成为未来最美好、最难忘的记忆！

我很想去参加你的成人礼，毕竟这是一个非常重要的日子，可是你知道，妈妈要出差，要去学习，只有让你爸爸去参加了，你们一定要多拍些照片给我，能拍视频就更好了！

你慢慢地长大了，妈妈好想陪着你，可是，你终究要离开妈妈，到你应该打拼的地方开创自己的事业。在这个特殊的日子，妈妈就送给你以下七句话：

第一句话是，要有责任，要做一个真正的男人。

什么是真正的男人？就是对人对己负责任的人，活得有尊严的人，给别人安全感的人，说话算数的人。如果你这么做了，你就会受到别人的尊敬。

如果你不这么做，就得不到别人的认同。这样做意味着你要吃亏，你要忍耐，你要付出，你要受苦。妈妈希望你能成为真正的男子汉。

小轩，爸爸妈妈的翅膀不久之后将不再是你遮风挡雨的大伞，终有一天我们也会变老而成为你的负担。作为一个顶天立地的男子汉，你要勇敢地挑起生活的重担，承担起你的职责，承担起对自己、对家庭、对社会、对国家的责任。承担责任，是一个优秀男人必须具备的最基本的素质，无论是对家庭对事业还是对社会来讲。妈妈希望你能拥有这个品德。

奥巴马在《开学第一课》中也说到了，作为学生要明确自己的责任，假如不去履行自己的责任，那么一切努力都会白费。

第二句话是，要学会感恩和诚信。

要做事先做人！一个懂得感恩、讲求诚信的人，必定是具有人格魅力的人。内心装满怨愤、牢骚、仇恨和狡诈的人，就无法承载爱，而心中缺少了爱，快乐和幸福也会渐渐远去！我的孩子，心存感恩、诚信为人要成为你一生不变的操守，不但要感恩父母师长，感恩世间万物，感恩每一个曾经关心和帮助过你的人，还要感恩你的竞争对手，甚至伤害过你的人！因为没有暗礁巨石就激不起浪花，没有强大的敌人就成就不了战无不胜的将军！

第三句话是，要选择奋斗和坚强。

人生能有几回搏！面对机遇与挑战，面对困难与失败，勇者总是取得胜利！唯有用汗水和斗志去证明自己的价值，战胜内心的退缩、颓废、胆怯和懒惰，为自己闯出一条坚实的人生之路。唯有永不放弃、永不言败的奋斗，愈挫愈坚的奋斗，才是一切成功的基石和幸福的源泉，才是一次次山重水复后的柳暗花明！一年后的高考便是你人生的第一场搏击。爸爸妈妈为你加油！相信你是最棒的，学校需要你、我们需要你，还有一年，放下那些让人沉迷的手机游戏，要学会控制自己的惰性，要对自己说，我能抵御它们的诱惑，因为抵御这些诱惑确实需要坚强的意志。

第四句话是，要学会思考和学习。

知识会改变命运，思考会让你受益终生。当今社会，地球已经浓缩成了一个地球村，每时每刻都在发生着各种各样的新闻。你要学会运用智慧的头脑去思考，透过纷繁的现象看到本质，捕捉到事件背后的实质和发展趋势。一个善于思考、终身学习的人，总会有独到的见解和创新的思维，不会人云亦云、浑浑噩噩、随波逐流，永远不会被时代淘汰。你要不断地学习和思考，多谈自己的观点，不要人云亦云。

第五句话是，要做到宽容和低调。

好男人应虚怀若谷、包容宽厚、能屈能伸、不卑不亢，让视野更宽更远更深邃，内心才不会被蝇头小利绊倒，才不会被琐碎所累，才不会因斤斤计较而错失领略一路多彩人生的豪情。宽容平和而不张扬，能够接受不同见解容得下各色人等，忘掉鸡毛蒜皮的恩恩怨怨、得得失失，风度卓然、气度非凡、大度能容！外面的世界很精彩，外面的世界也很无奈，未来属于你，这个世界属于你，背起行囊出发吧！条条大路通罗马，选定目标就坚定地走下去！记得，疲惫时，爸爸妈妈永远是你身后坚定的港湾！

第六句话是，要健康地活着。

不论发生什么事情，我都希望你能健康地活着，直到生命的终结。没有健康，其他一切看上去美好的东西都会不复存在。身体是做事的本钱，身体是做大事的本钱，身体是做善事的本钱，身体是做一切值得做的事情的本钱。你爸爸以前是学校的运动健将，篮球、足球、排球、长跑样样都是顶尖人才，至少在我的心中是顶尖人才，在高中时期、大学时期，他也算是我们学校的风云人物，是我心中的白马王子，虽然现在他发胖了，样子变了，但依然是很优秀的。你喜欢打羽毛球，妈妈希望你一生都能把运动坚持下去，因为生命在于运动，适当的运动使人健康。

第七句话是，要学会求助和分享。

人的一生肯定会充满起伏，有时会成功，有时会失败；有时会得意，有时会沮丧；有时会喜悦，有时会悲伤；有时会欢笑，有时会落泪。在你高兴的时候，希望你能和我们分享，因为分享的快乐是双倍的快乐。在你困难的时候，要相信亲情，相信爸爸妈妈会帮助你，相信你未来的妻子和你未来的家人会帮助你。也要相信友情，你的朋友会帮助你，你的同学会帮助你，你的同事会帮助你。要学会求助，学会让大家帮你分担痛苦，因为分担的痛苦是减半的痛苦。这一点你做得很好，妈妈爸爸很是欣慰，你有快乐与麻烦都会与我们分享，我们的关系都不错，希望这样的状态能够保持下去。同时，千万不要忘记，人生更高的境界是帮助别人，男人更高的境界是让给予远远大于索取。

有心——成就自己的孩子

人生就像茫茫大海上的一叶小舟，你可以选择漫无目的地随风飘荡，最终无声无息地消失；也可以选择乘风破浪，奔向一个理想的灯塔，最终在灯塔下插上一杆旗子，让后人知道你曾经来过，并给他们留下了礼物。这两种选择，只要没碍着别人，都没有错。我知道，你愿意选择后者，我很欣慰，因为那才是有意义的人生。

亲爱的孩子，是否觉得妈妈又在啰唆了，可是，你要知道，我们一辈子都会爱着你！

爱你的妈妈：秀秀

2016年5月8日

学习中国传统文化，备战高考作文

亲爱的小轩：

真的想你了！

你相信妈妈吗？才离开几天，就想你了，不知道你以后去上大学甚至出国学习，妈妈会是怎样想你。放假这几天，天天能看到你的高大帅气的身影，心里总是那么的踏实，你去了学校，把我的小心脏也好像掏空了。

你开学有几天了，我每天也在忙忙碌碌，总是给自己定目标，却做得还不够。我也感谢能够入选广东省百千万名教师培养对象这个机会，给了我一个前进的机会，一个发现自己更优秀的机会。还要感谢一个优秀的你，是你的优秀给了我前进的动力，我不能够做一个平庸的妈妈，我要与你齐头并进，让你也以我为傲。

还记得你上初一还是初二时，你对我说："妈妈，我们来定一个目标吧，我要考上重点高中，你要评上高级，你的照片也要挂在学校的宣传栏处。"结果我们的目标都实现了，这是我们两个人努力的结果。你上了高中后，我们又一起约定，等你考上理想中的大学时，我就要评上特级教师，你的目标应该很快就会实现，我的目标还要不断地努力。我已经走在了这条路上，一定不会放弃，只为与优秀的你共同进步。

说了那么多，说一下昨天与我们的校长吃饭时，说到了广东北江中学的钟校长，他告诉我们校长说你很厉害，说你的成绩比北中的第一名要高出20多分。当然，这个成绩已经是去年的了，新的一年要有新的希望，要有新的努力，坚持就是胜利，不能够沾沾自喜，要知道，他人也在努力拼搏，但也要调整好心态，不要有太大压力。妈妈一直告诫你"心态好就赢了"，高手在能力上都不相上下，关键在心态，当然也要保持强项，提高弱势科目。再说说我这几天看的《中国诗词大会》，我记了很多，但愿对你有所帮助。

第八场开始。

（1）青山横北郭，白水绕东城。

（2）一道残阳铺水中，半江瑟瑟半江红。可怜九月初三夜，露似珍珠月似弓。

（3）如何四纪为天子，不及卢家有莫愁。（指的是虽然当了四十多年的天子，还是不能保护自己喜欢的女人。卢莫愁指的是邻家女子）

（4）山外青山楼外楼，西湖歌舞几时休。

（5）男儿何不带吴钩，收取关山五十州。请君暂上凌烟阁，若个书生万户侯。（李贺）

（男儿要征战沙场）也写作者怀才不遇。诗人面对烽火连天、战乱不已的局面，焦急万分，恨不得立即身佩宝刀，奔赴沙场，保卫家邦。"何不"云云，反躬自问，有势在必行之意，又暗示出危急的军情和诗人自己焦虑不安的心境。此外，它还使人感受到诗人那郁积已久的愤懑情怀。李贺是个书生，诗人问道：封侯拜相，绘像凌烟阁的，哪有一个是书生出身？这里诗人不用陈述句而用设问句，牢骚的意味显得更加浓郁。看起来，诗人是从反面衬托投笔从戎的必要性，实际上是进一步抒发了怀才不遇的愤激情怀。由昂扬激越转入沉郁哀怨，用了反衬的笔法。

（6）青山依旧在，几度夕阳红。

（7）但使龙城飞将在，不教胡马度阴山。

倘若攻袭龙城的卫青和飞将军李广而今健在，绝不让胡人的骑兵跨越阴山。"龙城"指奇袭匈奴圣地龙城的名将卫青，"飞将"则指威名赫赫的飞将军李广。后两句用汉代的名将李广比喻唐代出征守边的英勇将士，歌颂他们决心奋勇杀敌、不惜为国捐躯的战斗精神。这首诗由古到今，有深沉的历史感，场面辽阔，有宏大的空间感。字里行间，充满了强烈的爱国精神和豪迈的英雄气概。

（8）远上寒山石径斜，白云生处有人家。

（9）钟山风雨起苍黄，百万雄师过大江。

（10）只在此山中，云深不知处。

（11）男儿立志出乡关，学不成名死不还。埋骨何须桑梓地，人生何处不青山。

日本明治维新时期诗人西乡隆盛有一句名言："埋骨何须桑梓地，人生何处不青山"，毛主席少年时曾经改写此诗与其父亲以表其志。

（12）一往情深深几许，青山依旧在，几度夕阳红。

（13）千里莺啼绿映红，水郭山村酒旗风。

（14）相看两不厌，只有敬亭山。

"相看两不厌，只有敬亭山"，两句诗表现出来的不只是对敬亭山的无限钟爱，在诗人眼里，敬亭山完全人格化了，它不再是观赏的对象，而是自己相看"不厌"的最亲密的朋友。诗人使用的是"只有"这样朴素无华的口语，却极有表现力，它以山之有情，反衬出人之无情。而把敬亭山当成自己在世间的唯一知己，既可见山之无比灵秀，令人领略不尽，又可见诗人世无知音的孤独幽愤。

（15）渭北春天树，江东日暮云。何时一樽酒，重与论细文。

（16）无可奈何花落去，似曾相识燕归来。

这是晏殊《浣溪沙》里的词句。他的这篇词是写他对酒当歌，看到花儿凋谢，时光流逝，让人惆怅，但是他又看到燕子飞回来了，增添了喜气，所以他悟出了人生的道理，就是人的一生中不可避免要失去很多，但是我们也可以得到很多东西，所以不要因为失去而伤心，要珍惜得到的东西。"有失必有得"是大家经常说的一句话，这也是这句词所要表达的思想。希望大家不要患得患失，要把握住现在，珍惜拥有的东西。

（17）桃李春风一杯酒，江湖夜雨十年灯。

译文：（当年）春风下观赏桃李共饮美酒，（如今）江湖落魄，一别已是十年，常对着孤灯听着秋雨思念着你。此句回忆昔日相聚宴游之乐，并进一步抒写相别十年的思念之深。

（18）落地为兄弟，何必肉骨亲。

同一片土地的人都是兄弟，应该相亲相爱，何必一定要有骨肉关系呢！

（19）月下飞天镜，云深结海楼。

（20）书卷多情似故人，晨昏忧乐每相亲。眼前直下三千字，胸次全无一点尘。

诗的首联用拟人手法，将书卷比作多情的老朋友，每日从早到晚和自己形影相随、愁苦与共，形象地表明诗人读书不倦、乐在其中。颔联用夸张、比喻手法，写诗人读书的情态。一眼扫过三千字，非确数，而是极言读书之多之快，更表现诗人读书如饥似渴的心情。胸无一点尘，是比喻他胸无杂念。这两句诗使诗人专心致志、读书入迷的情态跃然纸上，也道出了一种读书方法。颈联用典故和自然景象作比，说明勤读书的好处，表现诗人持之以恒的精神。活水句，化用朱熹《观书有感》"问渠那得清如许，为有源头活水来"句，是说坚持经常读书，就像池塘不断有活水注入，不断得到新的营养，永远清澈。

今天，就写到这里吧，妈妈还要做饭。你会认真看吗？我相信，其中的一些诗词一定会对你有作用。

爱你的妈妈：秀秀

2017年2月6日下午

学会自律

亲爱的小轩：

想你了！

上个星期没有给你写信，主要是你说没有收到，但是今天听吴老师说把我写给你的信作为奖品奖给你了，你好开心，同学们也好羡慕你，家长们也要我分享给你的信。刚刚练习瑜伽回家，我就坐在电脑前给你写信了，我不想用信纸给你写，用电子书写的话我可以保存下来，以后再看看，也是一种幸福呀。

161

看到你的成绩，我有些欢喜，欢喜的是你的成绩还在前列，四个科目的分数都排第一，还有就是你说广州一模你的数学得了149分，化学得了85分。另外，我又有些忧愁，担心你会骄傲，其实你们这次考试题目可能与高考的难度有一定的差距，并且你的语文一直是你的弱势科目，这对你来说是非常不利的。

你是聪明，至少在智力上比爸爸妈妈高，但是你确实不够勤奋。你每次周末回家，写完作业后就是玩手机，你爸爸其实是挺生气的，只是考虑你已经长大了，为了你的自尊心，也没怎么说你，但是有满满的担心，担心你过于放纵自己，不太会约束自己。妈妈还是希望你在高考前可以控制自己，尽量不追动漫，好吗？妈妈也相信你能够做到，因为你心中有梦想、有目标。

说了这些，你是否有些烦了，不想看下去了，但是良药苦口、忠言逆耳，能听进别人意见的人才会进步，你说呢，儿子？

爱你的妈妈：秀秀
2017年4月17日

高考前的冲刺与平复

亲爱的小轩：

想你！

距上周六去看你，已经过了三天了。我明天又要出差了，这次估计是去珠海。还记得吗？我们2015年和丽平阿姨、镐镐一起去的，时间过得真快呀，转眼你就要成为一名大学生了。

上周说到你真是懂事了，就要成为一名大学生了，可是，这次你却给了我们一个"惊喜"，让我们有些措手不及。我们家一直很民主，气氛也很和谐，充满了笑声，所以，对于你的"惊喜"我们没有过多的阻挠或过多的指责，我们也相信你能分得清轻重、分得清主次，不让自己后悔，毕竟现在高考对你们来说才是最重要的。加油吧！还有十多天，调整好心态，查漏补缺，最后冲刺。

讲讲时政吧！

"一带一路"高峰论坛开幕式上，习近平这些话掷地有声。

新名词：五通——政策沟通、民心相通、设施联通、贸易畅通、资金融通。

（1）古丝绸之路绵亘万里，延续千年，积淀了以和平合作、开放包容、互学互鉴、互利共赢为核心的丝路精神。这是人类文明的宝贵遗产。

（2）这些开拓事业之所以名垂青史，是因为使用的不是战马和长矛，而是驼队和善意；依靠的不是坚船和利炮，而是宝船和友谊。

（3）历史告诉我们：文明在开放中发展，民族在融合中共存。

（4）历史是最好的老师。这段历史表明，无论相隔多远，只要我们勇敢地迈出第一步，坚持相向而行，就能走出一条相遇相知、共同发展之路，走向幸福安宁、和谐美好的远方。

（5）从现实维度看，我们正处在一个挑战频发的世界。世界经济增长需要新动力，发展需要更加普惠平衡，贫富差距鸿沟有待弥合。地区热点持续动荡，恐怖主义蔓延肆虐。和平赤字、发展赤字、治理赤字，是摆在全人类面前的严峻挑战。这是我一直思考的问题。

（6）我多次说过，"一带一路"建设不是另起炉灶、推倒重来，而是实现战略对接、优势互补。

（7）中国人说："万事开头难。""一带一路"建设已经迈出坚实步伐。我们要乘势而上、顺势而为，推动"一带一路"建设行稳致远，迈向更加美好的未来。

（8）古丝绸之路，和时兴，战时衰。"一带一路"建设离不开和平安宁的环境。我们要构建以合作共赢为核心的新型国际关系，打造对话不对抗、结伴不结盟的伙伴关系。各国应该尊重彼此主权、尊严、领土完整，尊重彼此发展道路和社会制度，尊重彼此核心利益和重大关切。

（9）古丝绸之路沿线地区曾经是"流淌着牛奶和蜂蜜的地方"，如今很多地方却成了冲突动荡和危机挑战的代名词。这种状况不能再持续下去。

（10）发展是解决一切问题的总钥匙。推进"一带一路"建设，要聚焦发展这个根本性问题，释放各国发展潜力，实现经济大融合、发展大联动、成果大共享。

有心——成就自己的孩子

（11）开放带来进步，封闭导致落后。对一个国家而言，开放如同破茧成蝶，虽会经历一时阵痛，但将换来新生。"一带一路"建设要以开放为导向，解决经济增长和平衡问题。

（12）"一带一路"建设要以文明交流超越文明隔阂、文明互鉴超越文明冲突、文明共存超越文明优越，推动各国相互理解、相互尊重、相互信任。

（13）中国愿同世界各国分享发展经验，但不会干涉他国内政，不会输出社会制度和发展模式，更不会强加于人。我们推进"一带一路"建设不会重复地缘博弈的老套路，而将开创合作共赢的新模式；不会形成破坏稳定的小集团，而将建设和谐共存的大家庭。

（14）中国将加大对"一带一路"建设资金支持，向丝路基金新增资金1000亿元人民币，鼓励金融机构开展人民币海外基金业务，规模预计约3000亿元人民币。中国国家开发银行、进出口银行将分别提供2500亿元和1300亿元等值人民币专项贷款，用于支持"一带一路"基础设施建设、产能、金融合作。

（15）本届论坛期间，中国将同30多个国家签署经贸合作协议，同有关国家协商自由贸易协定。中国将从2018年起举办中国国际进口博览会。

（16）我们将在未来5年内安排2500人次青年科学家来华从事短期科研工作，培训5000人次科学技术和管理人员，投入运行50家联合实验室。我们将设立生态环保大数据服务平台，倡议建立"一带一路"绿色发展国际联盟，并为相关国家应对气候变化提供援助。

（17）中国将在未来3年向参与"一带一路"建设的发展中国家和国际组织提供600亿元人民币援助，建设更多民生项目。我们将向"一带一路"沿线发展中国家提供20亿元人民币紧急粮食援助，向南南合作援助基金增资10亿美元，在沿线国家实施100个"幸福家园"、100个"爱心助困"、100个"康复助医"等项目。我们将向有关国际组织提供10亿美元，落实一批惠及沿线国家的合作项目。

（18）中国将设立"一带一路"国际合作高峰论坛后续联络机制，成立"一带一路"财经发展研究中心、"一带一路"建设促进中心，同多边开发银行共同设立多边开发融资合作中心，同国际货币基金组织合作建立能力建设中心。我们将建设丝绸之路沿线民间组织合作网络，打造新闻合作联盟、音乐教育联盟以及其他人文合作新平台。

（19）"一带一路"建设植根于丝绸之路的历史土壤，重点面向亚欧非大陆，同时向所有朋友开放。不论是来自亚洲、欧洲还是非洲、美洲，都是"一带一路"建设国际合作的伙伴。"一带一路"建设将由大家共同商量，"一带一路"建设成果将由大家共同分享。

（20）中国古语讲："不积跬步，无以至千里。"阿拉伯谚语说："金字塔是一块块石头垒成的。"欧洲也有句话："伟业非一日之功。""一带一路"建设是伟大的事业，需要伟大的实践。让我们一步一个脚印推进实施，一点一滴抓出成果，造福世界，造福人民——和平合作、开放包容、互学互鉴、互利共赢。

孟夏之日，万物并秀。群贤毕至，少长咸集，我期待着大家集思广益、畅所欲言，为推动"一带一路"建设献计献策，让这一世纪工程造福各国人民。

和平合作。公元前140多年的中国汉代，一支从长安出发的和平使团，开始打通东方通往西方的道路，完成了"凿空之旅"，这就是著名的张骞出使西域。中国唐宋元时期，陆上和海上丝绸之路同步发展，中国、意大利、摩洛哥的旅行家杜环、马可·波罗、伊本·白图泰都在陆上和海上丝绸之路留下了历史印记。15世纪初的明代，中国著名航海家郑和七次远洋航海，留下千古佳话。这些开拓事业之所以名垂青史，是因为使用的不是战马和长矛，而是驼队和善意；依靠的不是坚船和利炮，而是宝船和友谊。一代又一代"丝路人"架起了东西方合作的纽带、和平的桥梁。

开放包容。古丝绸之路跨越尼罗河流域、底格里斯河和幼发拉底河流域、印度河和恒河流域、黄河和长江流域，跨越埃及文明、巴比伦文明、印度文明、中华文明的发祥地，跨越佛教、基督教、伊斯兰教信众的汇集地，跨越不同国度和肤色人民的聚居地。不同文明、宗教、种族求同存异、开放包容，并肩书写相互尊重的壮丽诗篇，携手绘就共同发展的美好画卷。酒泉、敦煌、吐鲁番、喀什、撒马尔罕、巴格达、君士坦丁堡等古城，宁波、泉州、广州、北海、科伦坡、吉达、亚历山大等地的古港，就是记载这段历史的"活化石"。历史告诉我们：文明在开放中发展，民族在融合中共存。

互学互鉴。古丝绸之路不仅仅是一条通商易货之道，更是一条知识交流之路。沿着古丝绸之路，中国将丝绸、瓷器、漆器、铁器传到西方，也为中国带来了胡椒、亚麻、香料、葡萄、石榴。沿着古丝绸之路，佛教、伊斯兰教及阿拉伯的天文、历法、医药传入中国，中国的四大发明、养蚕技术也由此传向世界。更为重要的是，商品和知识交流带来了观念创新。比如，佛教源自印度，在中国发扬光大，在东南亚得到传承。儒家文化起源中国，受到欧洲莱布尼茨、伏尔泰等思想家的推崇。这是交流的魅力、互鉴的成果。

互利共赢。古丝绸之路见证了陆上"使者相望于道，商旅不绝于途"的盛况，也见证了海上"舶交海中，不知其数"的繁华。在这条大动脉上，资金、技术、人员等生产要素自由流动，商品、资源、成果等实现共享。阿拉木图、撒马尔罕、长安等重镇和苏尔港、广州等良港兴旺发达，罗马、安息、贵霜等古国欣欣向荣，中国汉唐迎来盛世。古丝绸之路创造了地区大发展大繁荣。

母亲节

母亲节源于希腊，人们借此向奥林匹斯山上的众神之母赫拉致意；现代母亲节则源于一名叫作安娜贾维斯的美国女士，她力主设立纪念日来劝慰那些在战争中丧子的母亲，同时创立母亲节来表彰全球母亲的伟大成就。美国国会为此于1913年通过议案，将每年5月的第二个星期天作为法定母亲节。母亲节至此诞生并在全世界流行，成为地球上所有母亲的共同节日。

母亲节的这种世界性起源，刻画了它作为普适价值载体的基本容貌。全世界的儿女都知道，我们应在这一特殊的节日里重申母爱的伟大，学会对母亲报以更为炽热恒久的情感，学会倾听她们的教诲，尊重她们的抉择，跟她们成为最亲密的朋友，并学会在她们老去之后，照料其衰弱的身体和安慰其孤寂的灵魂。但这绝不意味着我们必须以下跪和磕头来表演各类滑稽的"孝行"。母亲珍爱并引为自豪的，不是那些磕头虫和软脚蟹，而是有尊严地站着的孩子。

说了这么多，能认真看下去吗？能认真看下去，说明你心态还比较好，那我就放心了，记得要打电话哟！

爱你的妈妈：秀秀

2017年5月21日晚

陪伴和给予是最好的爱

亲爱的儿子：

想你了！

今天又是星期六，睡到自然醒，可是昨天晚上却总是在做梦，醒来后，心里有些无所适从。你去北京读书了，我也不能做什么给你吃，好像有些不习惯了，不知道应该做些什么事。是去买菜还是去爬山？

原来你还在我们身边时，高一上学期是一个星期回家一次，高一下学期到高二是两个星期回家一次，到高三时是一个月回家一次，那时，每个星期都会做一件非常重要的事，不论多忙多累，都会风雨无阻地去市场，买你喜欢吃的菜和水果，再买上一些牛肉、鸡肉、排骨……买回来之后就大展厨艺，为你们做好吃的。我们也经常把好吃的送到你的学校，你经常会在校门口等我们，有时候也会在教室问老师问题，我们就会在你的教室门口等你，然后一起去你的宿舍，看着你把我做的饭菜一口一口吃完，再带上空盒子回家，心中和眼中满是欢喜与不舍。

你不在身边，想想原来每个星期六或是星期天都为你忙碌个不停，现在想做你喜欢吃的给你送去也是奢望了。你爸爸安慰我说："他在外是为了更有出息，不能让他一辈子留在我们身边。"这个时候，我心里总是幸福的，想到了那句话："幸福不是房子有多大，有多少钱，而是家里有多少笑声"。

亲爱的儿子，你以后也会有自己的爱人、自己的孩子，请你记住，爱我们的人和我们所爱的人在身边的时候一定要好好珍惜、好好陪伴，陪伴是很温暖的。我们对父母、对孩子的陪伴，是血脉注定的一生陪伴，因为，陪伴是最长情的爱，能爱人和被爱就是幸福的。

爱你的妈妈：秀秀

2017年12月6日

有心——成就自己的孩子

高三儿子写的信

亲爱的爸爸妈妈：

近来身体安好？天气变幻无常，还是要多备几件衣服抵御严寒。韶关的天气，好像不是广东的天气一样的，冷起来刺骨，跟北方有得一拼，妈妈身体本来就不太好，很怕冷，一定要穿长羽绒服，想来也好笑，有时你就像包粽子一样，不过还是一个比较漂亮的粽子，瘦瘦长长的，总之是苗条的、可爱的。老爸也是要注意身体，整天穿一两件衣服，为了帅气吗？虽然你的身体很棒，在大学时你还是一个体育健将，是学校体育部的部长，也是五千米比赛的冠军，还是系足球队和篮球队的队长，当时是很帅气的，把我老妈迷住了，可是，自己年纪也大了，老妈也在你身边，不再是大学时代了，一定要多注意身体，身体是革命的本钱，这可是你告诉我的。

升入高三，学习越发紧张，时间也变得无比珍贵。考试增多了，每周各科目都要考试，几乎要在考试中度过，有时一次没考好，也会多少影响自己的心情。不过还好，这些小事我还是会自我调节，我不是一直第一的位置吗，不用太担心，我虽然有点高处不胜寒，但我还是会用其他方法来温暖自己的。

主要是吃饭，总想着在家妈妈做的可口的饭菜，有可乐鸡翅，有辣椒炒鸡腿，还有红烧肉、秘汁叉烧，还有湖南米粉肉、小炒黄牛肉。想到就食欲大增，而学校的饭菜有些不可口，但是，我知道，青春是用来吃苦的。不过睡眠有些令我困扰。现在每天11：30关灯，也总要到11：45以后才能睡。第二天又要6点起床，导致早读与上课的精力不足，影响了上课效率。中午有时睡不好，下午上课有时犯困。我现在还是有点担心，不过，我会与老师、同学沟通，下课后会多运动、多打球。生命在于运动，相信我会渡过这个难关。

至于平板和手机，我现在已经升入高三，也不再是从前那个不知节制的小孩了。相信你们也能看到，我只是在闲暇时间才玩玩手机。平板基本不碰，在学校也没有这些，我也没有带来学校，想玩也不能玩，不过应该感谢学校，让我远离手机的诱惑。该学的时候我还是会认真学习的，因此不用在这方面担心我，要相信我会处理好。想说的还有很多，但是时间宝贵，就说到这里了，总之不用太担心，你们聪明帅气的儿子还是能搞定的。

爱你们的帅气儿子

2016年11月26日

有心——成就自己的孩子

一路芳华，感恩有你

——儿子在宜章东部联合地区的发言

尊敬的各位领导、叔叔阿姨，亲爱的同学们：

大家好！很荣幸，我能够作为赤石片2017年高考考取一本的学生代表在此发言。

在生活中，每个人都必然遭遇含泪的奔跑，都必然经历凤凰涅槃、浴火重生的悲壮。而高考，就是这样的必然。经过12年的厉兵秣马，经过6月那场没有硝烟的战役，我们终于破茧成蝶。

在这里，我要向今年所有考入理想大学、实现梦想的同学们表示最热烈的祝贺！当然，收获不忘感恩，首先我们要感谢我们的父母。春华秋实，四季更替，唯一不变的是你们对我们一如既往的支持和鼓励。在我们成长的道路上，是你们原谅了我们的懵懂无知，是你们包容了我们的任性妄为，同样是你们，为我们的成长日夜操劳，为我们的进步早生华发。今天，我们金榜题名，怀寸草之心，表感恩之情，请允许我代表40位同学，向爸爸妈妈们的辛勤付出，表示最衷心的感谢！说一声："爸爸，妈妈，你们辛苦了，谢谢你们。"

同样，我还要向多年来一直关爱赤石片区的所有理事会的叔叔、阿姨说一声谢谢。《礼记》有云："人不独亲其亲，不独子其子"，理事会每年都对考入大学的赤石片区子女们给予奖励，彰显"天地人和，润泽人间"的理念。每年金秋时节，当我看到许许多多即将进入高校深造的哥哥姐姐，我的内心就有种按捺不住的激动，它早已成为激励我努力奋斗的一种精神动力。

理事会给予我们的不仅仅是一份荣誉，更是一种鞭策。再过几天我们将承载着大家的关爱分赴各地，进入新的学堂，我们将以大学生活作为新的起点，以更高、更远大的目标，勤奋学习、自立自强、回报家乡、回报社会。同时我们也会利用在外的机会，宣传好家乡，维护好赤石片区的良好形象和声誉。

亲爱的同学们，毕业是一首久唱不衰的老歌，昔日时光是一种美好，今朝拼搏是一种经典，而梦想则是一种永恒。我们将带着梦想飞向更广阔的天空。雄关漫道真如铁，而今迈步从头越。我们将脚踏实地，永远向上，用自己的双手创造价值，回报社会！

最后，衷心地祝愿我们家乡欣欣向荣，硕果累累；祝愿各位领导、长辈身体健康，工作顺利；祝愿同学们鹏程万里，前程似锦！

谢谢大家！

2017年7月23日

有心——成就自己的孩子

有乐

——工作室建设及辐射

广东省李红秀名师工作室理念及
Logo设计理念的解读

一、工作室理念是"精研细琢，修己惠人"

精研细琢：是工作室的研修方式。

以精研细琢为基础，发扬教育工匠精神，探寻智慧教学之路，如打造璞玉，精雕细琢，日积月累，终成美玉。

修己惠人：是工作室的培养目标。

工作室以名师为师，与同行为友，展个人所长，为有志于潜心教学的每一位教师成长搭建平台，让每位学员遇见更好的自己！

二、Logo设计解读

Logo主要由璞玉、紫荆花两种图案构成。

璞玉既象征每一位学生，也象征前来培训学习的教师，大家为梦而来，学有所成，教有精进。教师们在工作室里合作研究的历程仿佛就是一块璞玉的打磨过程，经过工匠的精雕细琢，变为无瑕美玉，耀眼夺目。

紫荆花是韶关市一中实验学校的校花。意思指本工作室传承了一家百年名校治学治教的精髓及办学理念"明理修身"，也指要引领、融合各方专业力量带领工作室成员走向巅峰，在最好的年华把精力都放在最爱的教育事业上，紫荆盛放，扬帆起航，诚信育人，不负韶华！留白代表璞玉的打造形式和最后成果的可能性是无限的，代表教育未来的无限可能性。

路曼曼其修远兮，吾将上下而求索

——2018—2019年度广东省李红秀名师工作室工作总结

年来，在教育局领导和学校领导的亲切关怀下，在专家领导的指导帮助下，在工作室全体成员的努力下，以课程改革为方向，以教育厅的相关文件为指导，以培植学生的政治认同、科学精神、法治意识和公共参与的素养、促进教师专业成长为目标，通过公开教学、组织研讨、现场指导、专题研究、公开课讲评、观摩考察等形式，努力提高骨干教师培养对象的教育教学能力和教学研究素质，发挥示范、指导、辐射作用，完成培养学科带头人、促进广东省道德与法治学科教师的专业成长等任务。工作室全体成员勤奋学习、刻苦钻研、锐意进取、克难奋进，圆满完成了各项预定工作任务，个人专业成长也迈出坚实步伐。现将工作室一年来的工作总结如下。

一、建设情况

工作室主持人所在学校高度重视这项工作，无论是在人力、物力、财力还是在活动时间上，都给予了最大力度的支持，使工作室各项教学教研活动得以如期顺利开展。

（一）对工作室的地点进行了确定和装修

包括硬件设备的设置和软件的设计，地点确定在韶关市一中实验学校科学楼的三楼，在物理实验室的旁边。学校对其进行了装修，我和助手们设计了专家与学员的海报，购置了500册书籍，还装了无线网络，让工作室主持人及学员能够安心地进行学习和研修。

（二）制定了工作室理念并设计了工作室Logo

工作室的理念是"精研细琢，修己惠人"。

（三）制作了网上学员招生的宣传资料

招收了30多名网络学员，上传了较多的网络资源，对网络学员开展了培训，发挥了工作室的辐射引领作用。

（四）申请了微信公众号，并且进行了多次活动的推广和汇报

自工作室开展活动以来，我及助手在公众号上共推文35篇，这些都是工作室所开展活动的介绍，能让更多的道德与法治教师受益。

二、开展活动的情况

2018—2019年以来，本工作室各项工作有条不紊，严格按照计划实施，详细列举了每个月工作室需要做的具体事项。一年来，工作室积极组织、参与市、县内外的教研活动，做到以课为媒，加强研究，促进交流，提升水平。工作室的全体成员更是凝神聚力，自觉遵守工作室的相关学习与教学教研管理制度，认真履行职责，严格执行工作室及个人的工作计划，结合自己的工作实际，实行自学、集中学习、网上学习交流等多种形式，努力提高自己在教育教学各个方面的能力，圆满地完成了学期各项工作任务。每次展开研讨，从备课的教师集体探讨开始，经过教学后的现场教者说课、工作室成员评课、课后集体反思、执教者教后反思，将研究贯穿始终，在研究中促进教学能力的提高。一年来，工作室围绕研修主题，共举行各类专题研修活动9次，大型活动2次。

（一）工作室揭牌及学员和省骨干教师跟岗研修活动

2018年11月5—14日，广东省李红秀名师工作室省级骨干教师及入室成员在韶关市一中实验学校进行了为期10天的跟岗学习活动，意味着广东省李红秀名师工作室正式成立并开始投入运营。

11月8日上午，韶关市教育局教科院罗开初副院长，韶关市一中实验学校唐克明校长和陈燕宁副校长，华南师范大学政治与行政学院邝丽湛教授和所有前来跟岗学习的教师共同见证了广东省李红秀名师工作室的正式揭牌。揭牌仪式上，罗开初副院长再次肯定了李红秀名师工作室前期做的各项工作，同时也希望工作室能为年轻教师的成长搭建阶梯，为更多学校传经送宝，发挥示范引领作用，为韶关市教育向更高层次的发展做贡献。韶关市一中实验学校唐克明校长则对李红秀老师从学校骨干教师走向省名师的成长过程给予了充分的肯定和高度的评价。省名师工作室的成立，不但是教师的个人荣誉，更是学校乃至韶关教育界的荣誉，承诺会依据省级工作室的建设给予高度的配合与支持。而作为工作室主持人的李红秀老师则认为，工作室的成立，既是机会，为此感到荣耀，又是鞭策，更感到深深的责任感和使命感。她还表达了工作室全体成员向前的意志和决心，表示将深化内涵、提升品质，让工作室成为名师的摇篮、教研的基地、交流的平台、辐射的中心。

　　名师工作室正式启动即迎来了第一次省级骨干教师和入室学员的跟岗学习活动，10天里，共安排了十一节公开课、六场专家讲座及一场说课活动。尽管忙碌，但全体老师还是体现了不怕苦不怕累的精神，刻苦钻研，精心准备。无论是个人示范课，或是同课异构，还是说课展示，每一种课型都体现出教师深厚的基本功和集体备课的智慧。每一位承担公开课或者前来说课的老师，都呈现出了自己最好的教学状态，坚持以学生为主体的理念，选择贴合学生的生活素材，务求把课堂时间还给学生，鼓励学生从多角度进行思考，培养学生的思辨能力等学科素养。专家和老师们给出了中肯、客观的点评，让所有授课及参与说课的老师在工作室的平台上认识到自身的优势和不足，也为今后打造智慧课堂奠定了坚实的基础。其中，韶关市教研员刘李明主任评课时提出的"三声、三实"，武江区教研员周文茂主任让老师们讲述"教师如何听课"等评课活动环节都给人留下了深刻的印象。此外，工作室还邀请了华南师范大学邝丽湛教授、东莞市学科带头人邱莎老师、张华老师，广州外国语学校杜云良老师及工作室主持人李红秀老师和韶关市一中实验学校教务处谢继生主任分别对前来学习的老师做了六场专题讲座。讲座内容包括教师专业成长、小组合作、中考备考、深度学习等多个教育热点议题。跟岗老师认真听取了6位专家老师的专业指导，反思个人日常教学活动的得与失，站在巨人的肩膀上重新认识自我，受益匪浅。

　　研修无止境，精彩不停歇。

　　11月14日上午，举行跟岗学习活动总结大会。会议由教务处谢继生主任主持，两位教师代表发言感谢了韶关市一中实验学校和名师工作室10天来热情细致的接待，并表示会把活动所学带回自己的工作岗位之中，不断提升自

有乐——工作室建设及辐射

我。而工作室主持人李红秀老师则用"感谢、感动、实干、展望"八个字对活动做了整体总结。韶关市一中实验学校唐克明校长为承担公开课任务的老师颁发证明，在感谢各兄弟学校学员莅临韶关市一中实验学校参观学习之余，也提出了两点希望：一是希望此次学习收获丰硕，心情愉悦；二是据此结缘，相互学习。最后，省级骨干教师团队给名师工作室赠送了一幅题为"精研细琢、修己惠人"的书法作品，另赠予韶关市一中实验学校一块"厚德载物"玉匾额以作纪念。同时也为此次跟岗学习活动画上圆满的句号。

（二）送教下乡、辐射引领——冬日暖阳照人心，最是送教下乡时

为充分发挥李红秀名师工作室的示范、引领、辐射作用，提升乡镇教师的教学素养和城乡教育资源互补，2018年12月19日上午，李红秀名师工作室来到始兴九龄中学进行送教下乡研修活动。虽然天气寒冷，但仍然阻挡不了前来听课老师的热情，韶关市一中实验学校邓敏儿老师与始兴九龄中学林祥辉老师（李红秀名师工作室入室学员）进行了"感受生命的意义"同课异构。此次教研活动秉承着工作室"精研细琢、修己惠人"的理念，希望各位老师在教研中收获，于反思中成长。

广东省李红秀名师工作室主持人李红秀老师（广东省特级教师）做了"莫道君行早，更有早行人"的专题讲座。在讲座中，她详细阐述了在科组建设方面的心得体会，并列举了大量的教学事例来介绍教学方面、教研方面、中考备考方面的详细做法，如新课授课模式、复习课授课模式、作业布置与批改，科组三年发展规划及科组教师专业成长路径等内容，在"好试卷"的十项标准中也提到了要基于课程标准，有正确的价值取向、命题素材广泛、命题思路灵活多样等特点，为教师选择素材以及命制试题提供了可参考的依据。最后，李老师用"走在教育的路上，满怀悲悯之心，不断地修行，不断地播种，伴随着一路的芬芳，不断地前行，待到香花弥漫之时，我们的修炼之路还将继续"来结尾，引起在场老师许多共鸣和思考。此次讲座有许多具有操作性的做法，仿佛为参加活动的在场老师打开了教育教学的一扇窗，当讲座结束时，老师们自发响起了热烈的掌声。

此次教研活动由始兴县教研员肖主任主持，始兴县七年级道德与法治教师齐聚一堂，共商共讨今后的教学方向，共同探究更加高效有趣的课堂。

（三）与浙江省名师工作室交流研讨

浙韶两地合作交流，教育智慧成果共享——广东省李红秀名师工作室与浙江省宁波市海曙区白露名师工作室开展研学交流活动。

深冬的韶城，寒意渐浓，虽相隔千里，亦未能阻挡浙韶两地学员的学习交流之心。2018年12月12日下午，在韶关市武江区政治教研员、广东省李红秀名师工作室的专家周文茂老师的帮助下，浙江省宁波市海曙区白露名师工作室主持人白露老师带领团队成员来到了韶关市一中实验学校，准备与广东省李红秀名师工作室开展为期2天的研学交流活动。

12月13日上午第二节课，白露名师工作室成员宁波市海曙外国语学校的龚瑾老师以"增强生命的韧性"为题，为我们带来了一节高效的展示课。12月14日上午第三节是广东省李红秀名师工作室助理邓敏儿老师的交流展示课，恰逢我校教学开放日，各位老师和家长们齐聚一堂，共同欣赏了邓老师的教学风采。邓老师以"敬畏生命"为主题，紧抓时事新闻，利用课前一天恰逢国家公祭日的契机，利用当天南京的祭奠活动图片，引发学生对勿忘国耻及珍爱生命的思考，最后，工作室主持人李红秀老师对本次交流活动进行了总结点评。她对远道而来的宁波市海曙区白露名师工作室的成员表示诚挚的欢迎，对她们带来的精彩课堂和讲座表示诚挚的感谢，她们用"美"即"形象美、语言美、课堂美"，"实"即"功底扎实、课堂真实、文化厚实"，"高"即"立意高、水平高"的课堂和讲座为我们提供了丰盛的教学盛宴，让我们开阔了视野，碰撞更新出了教育理念和教学思想，对新闻素材在课堂中的运用从理论到实践都有了进一步的认识，为我们今后的教学提供了新颖的思路。也期待两地工作室今后能开展更广泛深入的合作交流，为提升初中道德与法治教学水平继续努力。

（四）珠媚春来早，逐梦正当时——（强师工程）广东省名师工作室专项研修活动

2019年4月20—26日，韶关学院省级教师发展中心组织韶关、清远和惠州三地的广东省名师工作室主持人及核心成员前往江苏南通考察学习。广东省名师工作室主持人、特级教师李红秀老师和助手邓敏儿老师参加了此次"广东省2019年中学校幼儿园、名教师、名校（园）长工作室团队专项研修班"学习活动。

中国教育看江苏，江苏教育看南通。我们从千里之外，带着一颗求学的心，共同探寻工作室的发展方向。4月21日下午，我们在南通师范附属第二小学聆听了南通市教育局郭志明局长的讲座，受益匪浅。郭局长以其扎实的文学功底、丰富的素材实力、长期的一线经验和独到的教育视角为我们打造了一场精彩纷呈的讲座。这场题为"诗意行走，成长如歌——名师工作室让优秀教师走向卓越"的讲座，深入浅出地让我们感受到了南通教师优秀的教育科研品质和努力向上的精神。4月22日，我们在中国情境教育的发源地——江苏南通师范附属第二小学，聆听了该校朱丽校长为我们带来的"情境教育——指向儿童一生的成长"专题讲座。美丽优雅的朱校长从情境教育的发展创立到该校倡导全学科"情境学习——让儿童拥有学习的快乐"，从主题式大单元教育课程到"真实生活，让儿童发掘学习的深度"，再到"打造多维的'专属空间'，让儿童彰显学习的个性"等几个角度，为我们展现了该校情境教育的丰硕成果。大量的校园情境活动，让我们充分感受到情境教育的魅力所在。

4月23日上午，我们来到了美丽的通州区育才中学，聆听了该校教研室吴建主任的讲座。吴主任以"做研究型思政教师"为题，与我们工作室的成员分享了他对做一名研究型思政教师的看法以及初中思想品德"悟学课堂"的建构与实践研究。在讲座中，吴主任提出了要引导教师树立"三者统一"的完整教师观，即从课程实施者到课程研究者再到课程开发者，三者统一，形成完整的教师观。

4月24日，我们工作室成员继续在通州育才中学进行研修活动。上午，我们集体聆听了丁卫军老师的讲座"好风借力上青云——工作室建设资源的开发与利用"。丁老师从"我的专业发展之路"开始叙述，介绍了自己的工作经历、成长之路以及工作室的成长概况。

4月25日，我们仍在通州育才中学参加研修活动。上午，我们分别聆听了潘晓露老师和丁卫军老师的语文公开课。两位老师都具有鲜明的教学风格，让我们受益良多。研修活动给我们的影响，最重要的就是教师必须加强阅读，而且要坚持读、认真读。读书交流会，就是促进教师阅读意愿、提升教师阅读品位的一个良好途径。在读书交流会上，分别有6位工作室的教师代表对冯卫东老师的著作《为"真学"而教》进行了分享。他们分别从书本的基本逻辑结构、当前的课堂状况、教学思维的转变、学会倾听学生心声等多个角度提出了看法。"一千个读者就有一千个哈姆雷特"，6位老师切入点不同，思维的火花在交流和分享中再次被点燃，让在旁聆听的人也希望能够拜读一下冯先生的著作，一探究竟。我想，这兴许也是读书分享会的一大魅力吧。

（五）与广东实验中学胡金兰名师工作室学习交流

2019年5月，广东省李红秀名师工作室进行了第二次研修，赴广东东莞名师工作室交流，走进名校会名师，理论实践品盛宴。

13、14日，广东省李红秀名师工作室一行来到了广东实验中学胡金兰名师工作室进行学习交流，走进名师课堂，聆听专家讲座。广东实验中学是直属广东省教育厅领导的省级重点中学，已有140多年历史。历代省实人秉承"爱国、团结、求实、创新"的校训及"以人为本，以德树人，以质立校"的办学特色，努力发展。该校师资力量雄厚，教学条件优越。学校拥有一支师德高尚、爱生乐教、业务精湛、勇于创新的高水平、高学历教师队伍。我们两天之内听了三节优秀示范课和三场讲座。广东实验中学的卢妙老师给我们带来了一节精彩的课堂"青春的情绪"，她是一位年轻教师，上课富有激情，充满活力，独具个人魅力。卢老师以学生播报的新闻"西安奔驰女车主4S店维权案"为导入，通过情境设问、讨论交流、小组合作等方式进行新课的讲授。整节课师生互动、生生互动活跃，充分展示了一名教师深厚的功底和丰富的教学经验。我们在省实图书馆二楼的学科基地听取了来自该校初三政治备课组组长陈晓葵老师的"化繁为简、高效备考——考点梳理"讲座。才貌双全的陈老师以广州市中考的备考及试题为蓝本，在如何精准把握考点，怎样对知识进行逻辑性的梳理，培养学生的科学思维能力，帮助学生透过现象看本质等方面给了我们许多启示。尤其是陈老师化繁为简的知识整合能力，更是令人佩服。他把看似容量巨大的国情知识点，以思维导图的形式呈现在学生面前，免除了学生单纯性死记硬背的烦恼，同时也提升了学生的理解力，并帮助他们建构起相应的知识体系，起到一举多得的作用。这也让我们从侧面了解到，省实的学生之所以优秀，并非中考考前复习准备这一个环节所能成就的。自入学起，教师就有意识地对学生进行逻辑思维能力的培养，从新课到复习课始终贯穿其中，陈老师的远见及对学生学科素养的培养模式值得我们学习和借鉴。我们还聆听了广东省李红秀名师工作室专家、华南师范大学行政学院教授刘石成的讲座，他是广东省高考研究会副理事长及政治专家委员会会长、华南师大政行学院学科教学（思政）教硕召集人、教育部领航工程名师班政治科学学科导师、教育部中小学"国培"政治科授课专家，他的专题名为"教师专业成长之道：教研论文写作"。

（六）追梦不止步，奋进在路上——广东省李红秀名师工作室年度总结会议暨读书分享会

阅读是教师成长最好的助推器。阅读不仅能增见识长学问，转观念拓思路，还能改变思维习惯，促进个人成长。一年来，工作室坚持专业阅读与拓展阅读相结合，专业阅读以提升专业素养，拓展阅读以拓宽视野、宽厚积淀。倡导个人阅读与团队共读相结合，个人阅读重在独立思考，团队共读重在分享集智。许多老师养成了自主、自发、自觉阅读的习惯。为了让名师工作室真正成为教师成长和带领教师成长的前沿阵地，凝聚团队智慧，2019年5月11日上午，广东省李红秀名师工作室举行了工作室成员年度学习总结汇报会。

"石蕴玉而山明，水藏珠而川美。"书籍，取之山水，寄情人间。为了进一步提高名师工作室成员的综合素养，丰富教师内涵，李红秀名师工作室于5月11日下午举行了读书分享会。

读书交流活动在李红秀老师的主持下开始。李红秀老师如一朵绽放在岁月深处的莲花，温柔而伸展，在不动声色的安静中散发着灵魂的香气。她说读书是幸福的事，读书是精神生活最灿烂的写照。工作再忙，也不要忘了读书。

接下来，工作室成员逐一分享读书心得，林祥辉老师分享的是美国心灵导师威尔·鲍温写的《不抱怨的世界》，赖玲平老师分享的是《读"自主互助，当堂训练"课改教学模式有感》，潘英局老师分享的是被誉为"新儒林外史"的《围城》，李熙勤老师分享了全国特级教师郑立平写的《把班级还给学生》，陈璐老师分享的是《教育学原理》，各位老师或言阅读改变了自己的思想，或言专业阅读提升了自我能力，或言阅读让自己找到了生活的真谛，或言阅读让自己的内心越来越强大，或言阅读让自己遇见最好的自己、遇见更多更优秀的人……敞开心扉的娓娓诉说，来自内心深处最真实的感受，让每一位老师的交流动听且感人，时时有"金句"蹦出。

此次李红秀名师工作室以读书会形式为教师搭建平台，读研结合，以读书夯实专业发展的基础，以读书促进教学研究的深入，从而促进教师的专业发展。

李红秀老师指出了学员们在制作读书体会课件中的长处与短处，也分享了读书的方法。她要求大家一定要努力夯实自己的学科知识，做受学生欢迎与尊敬的老师。最后，李红秀老师对大家本次的分享活动给予了赞扬，并鼓励大家不断增加阅读量、增长智慧。

读书交流活动为工作室的学员们提供了一个学习分享的平台，也体现出大家丰富的思想内涵和孜孜不倦的教育精神追求。通过读书交流，大家收获了知识与喜悦，激发了学习愿望和进取精神，为丰富自身的专业知识起到了积极的推动作用。

一年来，工作室成员通过个人阅读、团队共读活动，拓宽了教育视野，提升了专业素养。今后，工作室将进一步增加图书量，定期召开读书交流会，让老师们带着自己的思考去读书，交流读书心得，为彼此带来智慧的分享和思维的碰撞。

（七）课题研讨，专业成长

"教而不研则浅，研而不教则空。"教育科研是教育教学的催化剂。本学期，我们工作室继续走"以科研促教学，教学科研相长"的道路，充分发挥教育科研的先导功能。我们工作室承担了省、市的几个立项课题，在研究过程中，以工作室为平台，以全体成员的智慧为依托，发挥集体的力量，积极开展教学实践。课题研究工作深入每位成员的实际工作中去，取得了显著成效。

本年度有两个广东省省级课题，我们组织老师进行研究，分别是：林祥辉主持的"深度学习下的道德与法治课堂提问的研究"，李红秀主持的"略图表教学在道德与法治课教学实践的研究"，于2018年12月已结题，并被评为优秀。李红秀主持的广东省省级课题"深度学习下的道德与法治课项目式学习的研究"获得广东省教育研究院的立项并且正在开题研究。

课题是教师专业成长的重要途径，要想成为优秀教师，我们必须在课题方面有所研究。2019年5月12日上午，我们聆听了韶关市武江区教育局教研室周文茂主任为我们带来的课题成果分享："让我们的教学生涯充盈着聆听"——课堂教师有效聆听的案例研究成果介绍。听周主任的讲座，折服于他的激情和谦逊，旁征博引，侃侃而谈，教学案例信手拈来，让我们不得不

有乐——工作室建设及辐射

佩服他的专业教研知识储备。他在讲座中阐述了提高教学倾听有效性的五个策略：①创设环境，倾听真实言说；②保持敏感，倾听全部信息；③时时思考，正确理解信息；④耐心等待，展示倾听智慧；⑤注重反馈，提升倾听质量。周主任的课题成果分享为我们今后的教学实践提供了理论性依据和实践性指导。讲座之余，周主任还为我们推荐了《中国教育报》公众号，里面有大量我们所要用的教学资源。最后他还谦逊地让我们提出建议和意见，李红秀导师和学员们针对自己平时课堂中遇到的教学倾听情况，与周主任做了面对面的激烈探讨，进行了思维的碰撞，学习氛围非常热烈，收获效果显著。

（八）专业表达提能力，获得荣誉来提升

在阅读中思考，在实践中思考，在写作中表达阅读、实践、思考的成果，不断提升自身的思考力和实践力——这是教师必走的专业发展之路。因而读书笔记、课例分析、教学随笔、课题案例成了全体教师每次活动必做的功课。一年来，大家读书、思考、实践，带着问题走向课堂，在课堂中实践自己的思考，并将思考与实践的成果用文字记录下来。每次研修活动，老师们认真填写活动记录表，不仅记下了听课随想，写下了再教设计，还记录了自己的研修心得，促进大家养成了专业思考、专业阅读、专业表达的习惯。

工作室成员在日常教学中勤于反思，积极撰写教学案例、教学论文等。本年度工作室主持人李红秀和工作室成员在论文方面，发表4篇，论文获奖9篇，李红秀和焦立梅在CN刊物《中学政治教学参考》全国中文核心期刊上各发表论文1篇。焦立梅有1篇论文在《韶关教育》上发表，1篇发表在省内《新课程·初中道德与法治学案》上，发表在国家级刊物上的1篇。李红秀老师获得全国优秀教师荣誉称号，李红秀老师和潘英局老师获得韶关市第三批基础教育名教师称号，焦立梅老师获得韶关市优秀共产党员、韶关市基层宣讲人员称号，其他老师获得县级荣誉称号2项、镇级3项、校级8项。

（九）辐射引领、示范中考——研讨交流求实效，厉兵秣马迎中考

为充分发挥名师工作室主持人和学科带头人的示范、引领、辐射作用，为进一步提高中考备考的方向性和实效性，2019年3月13日上午在田家炳中学举行了韶关市中考备考研讨会议，韶关市及县区九年级道德与法治教师积极参与此次活动，现场人数众多，气氛热烈。田家炳中学的年轻教师刘金英讲

授了北师大版九年级下"珍爱共同家园",广东省李红秀名师工作室助手焦立梅老师承担了此次中考备考的专题讲座。随后是工作室助手焦立梅老师举行讲座,题目是"热基础、建网络、活思维"——自主模式在第一轮复习课中的思考。她还解释了这个"热"的意味,"热"就像是热菜一样,学生已经学过了初中所有知识,再将其重新热起来,焕发生机与活力。强调在2019年中考备考中,韶关市面临的现状,低效备考的特点有哪些,为在场的老师提供了可借鉴的依据。讲座中还提到第一轮复习中务求夯实基础,努力做到培优补弱,努力做到扎实高效,每一个知识点的挖掘与吸收都要靠学生的自省力。为了充分调动学生的积极性,在复习课上要把课堂还给学生,让学生课前做好预习,通过总体粗读与个别细读,找出主要观点并罗列出来,对每个板块的观点做到心中有数,通过教师设计的不同类型的题目及精选典型习题,逐一排雷,走出认知误区,如果学生判断不出来,则可以教学生通过抓住关键词来判断、取舍。通过不同类型题目的设计引导学生掌握解题方法,增强自信。

在构建知识网络时仍然要把课堂还给学生,恰当地将学生预习的成果在课堂上进行展示和运用。还要认真研读中考说明,把握好方向;依托教材,夯实基础;研究真题,注重学习引导;优化课堂,强化解题规范性训练。

本次中考备考研讨会为教师们搭建了一个聚焦中考、共话策略、分享经验、共享教育智慧的有效平台,为中考备考的冲刺阶段解决了困惑,指点了迷津,增加了毕业班复习课教学的针对性和可操作性。本次中考备考研讨会启发了大家的思维,汇聚了众人的力量,更加明确了中考备考的方向,相信在科学高效备考的指导下,初三中考定不孚众望,再创辉煌。

三、存在的问题

部分学员积极性不高,所分配的学员年龄过大,需要更多专家指导,加上自己的时间、能力有限,工作量非常大,仍需有更得力的助手。

四、努力方向

工作室后期工作要加强课题研讨和学员发展规划专业指导,加强信息技术的运用，加强微课制作和网络直播，也要在专著方面和课堂实践方面努力。

一年的时间过得很快，我会全身心地完成工作室的各项任务。

2019年10月

参 考 文 献

［1］中华人民共和国教育部.义务教育思想品德课程标准（2011年版）
　　　［S］.北京：北京师范大学出版社，2012.

［2］刘月霞，郭华.走向核心素养的深度学习［M］.北京：教育科学出
　　　版社，2018.

［3］夏雪梅.项目化学习设计：学习素养视角下的国际与本土实践［M］.
　　　北京：教育科学出版社，2018.

［4］安奈特·布鲁肖，托德·威特克尔.从优秀教师到卓越教师［M］.
　　　北京：中国青年出版社，2013.

［5］魏勇.怎么上课学生才喜欢［M］.北京：中国人民大学出版社，
　　　2016.